Generis

PUBLISHING

THERMODYNAMIQUE TECHNIQUE

Cours et Exercices corrigés

Dr Abdallah HAOUAM

CIP a Camerei Naționale a Cărții

Haouam, Abdallah.

Thermodynamique technique : Cours et Exercices corrigés / Abdallah Haouam. – Chişinău : Online Marketing Group, 2020. – 98 p.

Referinţe bibliogr.: p. 97 (8 tit.).

ISBN 978-9975-3402-3-6.

536.7(075.8)

H 23

Cover image: www.pixabay.com

Generis Publishing
Online Marketing Group SRL
MD-2068, Chisinau, Miron Costin 17/2, Of 519

Online orders: www.generis-publishing.com
Orders by email: info@generis-publishing.com

Sommaire

Chapitre I : NOTIONS FONDAMENTALES, LOIS DES GAZ PARFAITS

I. INTRODUCTION A LA THERMODYNAMIQUE

I.1 Définition générale de la thermodynamique

La thermodynamique (de *therme* chaleur et de *dynamis* mouvement) correspond à l'´etude de la dynamique des systèmes thermomécaniques, c'est à dire à l'´etude d'un système au cours de son évolution en fonction des échanges d'´energies mécaniques (travail) et thermiques (chaleur) avec le milieu extérieur au système.

I.2 Généralités sur la thermodynamique technique

La thermodynamique technique joue un rôle important dans tout procédé de transformation de la matière et/ou de l'énergie du fait qu'elle est accompagnée de changement des grandeurs thermodynamiques qui permettent de quantifier son état. La thermodynamique technique étudie les propriétés des substances ; s'intéresse à l'étude des relations entre l'énergie et la chaleur sous diverses formes (mécanique, électrique, chimique….). Elle permet d'établir les bilans d'énergies échangées (1er principe) et les directions (2ème principe) dans lesquelles peuvent, évoluer les divers processus physiques et chimiques associés aux systèmes donnés. La thermodynamique technique étudie les conditions les plus avantageuses de la transformation de l'énergie thermique en énergie mécanique et vice-versa au sein des installations thermiques industrielles. C'est par sa maîtrise que l'on peut concevoir et contrôler le fonctionnement de ces installations.

I.3 Historique de la thermodynamique

La thermodynamique est une branche récente de la physique puisqu'elle s'est développée au début du XIXème siècle. Ce développement a été lié à la mise au point et à l'amélioration des machines à vapeur, apparues au XVIIème siècle avec le médecin et physicien français *Denis Papin* (1647-1714) puis avec l'ingénieur écossais *James Watt* (1736-1819).

Ancien polytechnicien et fils d'un général, *Nicolas Sadi Carnot* (1796-1832) publia en 1824 le premier ouvrage de thermodynamique théorique et pratique consacré aux machines à vapeur. Cet ouvrage ignoré par la communauté scientifique sera redécouvert par *Emile Clapeyron* (1799-1864) en 1834, ce qui contribuera au développement d'une nouvelle branche de la thermodynamique.

Le physicien anglais *James Joule* (1818-1889) et le physicien allemand *Robert Von Mayer* (1814-1878) seront les auteurs des premiers énoncés du "Premier principe de la thermodynamique", portant sur la conservation de l'´energie : "l'´energie se conserve, c'est à dire que tout travail peut être transformé en chaleur".

Plus tard, le Prussien *Rudolf Clausius* (1822-1888) et le Britannique *William Thomson Lord Kelvin* (1824-1907) énoncèrent à peu près en même temps le "Second principe de la thermodynamique", ou principe d'évolution. Bien que l'´energie se conserve, on ne peut pas faire n'importe quoi. Clausius définissa la température thermodynamique et la notion d'entropie.

L'allemand *Hermann Von Helmholtz* (1821-1894) et l'Autrichien *Ludwig Boltzmann* (1844-1906) ainsi que l'´Ecossais *James Maxwell* (1831-1879) généralisèrent beaucoup d'approches thermodynamiques à tous les systèmes macroscopiques, fondant la thermodynamique statistique : les atomes existent. Une nouvelle présentation de la thermodynamique se mit progressivement en place, s'appuyant essentiellement sur la description de l'atome. Cette approche sera renforcée par les travaux de *Max Planck* (1858-1947) et *Albert Einstein* (1879-1955), qui ont défini les bases de la théorie de l'atome ou mécanique quantique.

II. VARIABLES D'ETAT

On appelle variables d'état ou paramètres thermodynamiques, les grandeurs physiques qui déterminent l'état d'un fluide (liquide ou gaz). Les variables d'état accessibles à la mesure directe sont : la pression, la température et le volume.

II.1 Pression

La pression est le résultat des chocs des molécules qui constituent le gaz, contre les parois de l'enceinte.

Les unités usuelles sont :

- le pascal (Pa) ou $[\frac{N}{m^2}]$, peu employée en pratique
- le bar (bar) et son sous multiple le millibar (mbar)
- le millimètre de mercure ou Torr
- le millimètre de colonne d'eau ou le mètre de colonne d'eau (m CE)
- l'atmosphère (atm)

La correspondance entre ces unités est la suivante :

1 bar =1000 mbar= 10^5 Pa = 750 mmHg= 10.2m CE=0.987 atm

1 atm = 101325 Pa

La pression atmosphérique est la pression exercée par l'atmosphère à la surface de la terre. Au niveau de la mer cette pression est équivalente à celle exercée par une colonne d'environ 760 mm de mercure.

La pression absolue est la pression mesurée par rapport au vide absolu (c'est-à-dire l'absence totale de matière). Elle est toujours positive.

La pression relative se définit par rapport à la pression atmosphérique existant au moment de la mesure: cette pression peut donc prendre une valeur positive si la pression est supérieure à la pression atmosphérique ou une valeur négative si la pression est inférieure à la pression atmosphérique.

$$Pression\ absolue = Pression\ relative + Pression\ atmosphérique$$
$$Pression\ du\ vide = Pression\ atmosphérique - Pression\ absolue$$

II.2 Température

La température caractérise le degré d'échauffement ou de refroidissement d'un corps. Les unités usuelles sont le degré Celsius ($°C$), le degré Kelvin (K), le degré Rankine ($°R$) et le degré Fahrenheit ($°F$) (Fig. I1).

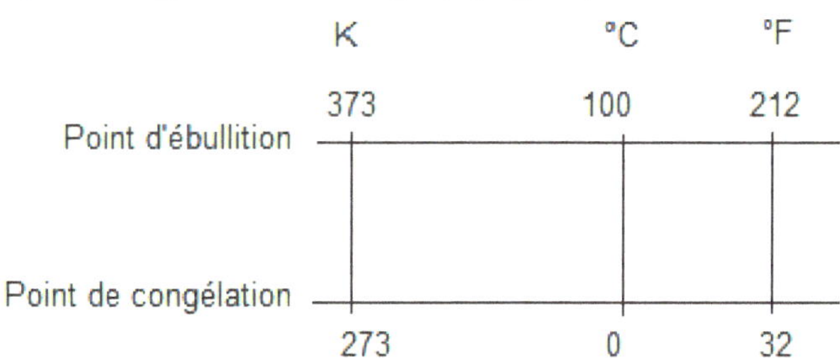

Figure I.1 : Echelle des températures

Conversion :

$$T = 273.15 + t\,(°C)\,;\ \ t\,(°C) = \frac{5}{9(°F - 32)}\,;\ t\,(°F) = \frac{9}{5(°C + 32)}\,;$$
$$t\,(°R) = t\,(°F) + 459.67 = 1.8\,T\,(K)$$

II.3 Volume

Le volume est l'espace occupé par la substance (m^3), le volume spécifique est ramené au kg, v=V/m (m^3/kg).

III.   CHALEUR SPECIFIQUE

III.1 Définition de la calorie

La calorie est la quantité de chaleur nécessaire pour élever de $1\ degré$ la température $d'1\ gramme$ d'un corps dont la chaleur massique est égale à celle de l'eau à 15°C dans les conditions normales ($T_0 = 273.15\ K$; $P_0 = 1atm$).

$$1\ cal = 4.1864\ J$$

III.2 Chaleur spécifique

La chaleur spécifique d'un corps est la quantité de chaleur (énergie) nécessaire pour élever d'un degré centigrade une masse de 1 kg de ce corps.

$$C = \frac{\partial Q}{\partial T} \tag{I.1}$$

Elle s'exprime en $J.kg^{-1}.K^{-1}$

Pour les gaz, on définit la chaleur spécifique à volume contant et la chaleur spécifique à pression constante, notée respectivement C_V et C_P.

$$C_V = \left(\frac{\partial Q}{\partial T}\right)_V \tag{I.2}$$

$$C_P = \left(\frac{\partial Q}{\partial T}\right)_P \tag{I.3}$$

Ces chaleurs spécifiques sont appelées capacités thermiques. C_V et C_P sont des capacités au même titre que la capacité électrique d'un condenseur. En thermodynamique, le système accumule de l'´energie thermique, de la chaleur, lorsque sa température T augmente de dT à pression (C_P) ou volume (C_V) constants.

 Exemples :

Air : $C_P = 1004\ \frac{J}{kg.K}$;   Eau : $C_P = 4186\ \frac{J}{kg.K}$

Le rapport des chaleurs spécifiques est désigné par γ et appelé exposant adiabatique :

$$\gamma = \frac{C_P}{C_V} = \frac{c_P}{c_V} \tag{I.4}$$

Pour un gaz parfait monoatomique $\gamma = 1.67$ et pour un gaz diatomique (azote et oxygène, les principaux composants de l'air) dans les conditions usuelles de pression et de température $\gamma = 1.4$.

IV.   LOIS DES GAZ PARFAITS

IV.1 : Equation d'état d'un fluide

Le **gaz parfait** est un modèle thermodynamique permettant de décrire le comportement des gaz réels à basse pression. Pour un gaz parfait, la théorie et l'expérience montrent que les variables d'état (P, V, T) concernant un milieu homogène ne sont pas indépendantes ; elles sont liées par la relation $\varphi(P, V, T) = 0$.

Pour obtenir l'équation d'état d'un fluide, on fixe un des paramètres d'état et on étudie les variations d'un autre paramètre d'état en fonction du dernier restant.

Par exemple, si on fixe la température T, on étudiera les variations du volume en fonction de la pression. Mais ce n'est pas suffisant pour connaître tout le comportement du gaz, il faudra aussi étudier les variations du volume en fonction de la température lorsque l'on aura pris soin de maintenir la pression constante et, pourquoi pas les variations de la pression en fonction de la température à volume constant.

IV.2 Coefficients thermo élastiques d'un fluide

- <u>Coefficient de compressibilité isotherme χ</u>

Considérons un gaz que nous allons comprimer à température T constante.

Si l'on fait passer la pression de P à $P + \Delta P p$ $(\Delta P > 0)$, le volume passe alors de V_1 à V_F tel que $V_F = V_1 + \Delta V$ où $\Delta V < 0$. Sur un diagramme de Clapeyron (P, V)), l'état du gaz suit le chemin décrit par l'isotherme T (Fig. I.2).

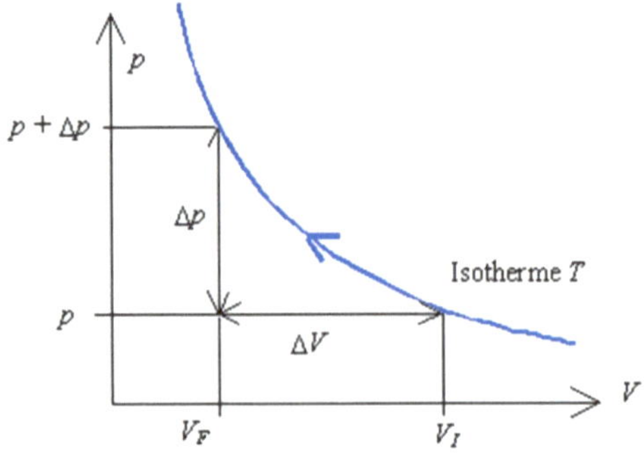

Figure I.2 : transformation isotherme

On définit le coefficient de compressibilité isotherme par :

$$\chi = -\frac{1}{V}\left[\frac{\partial V}{\partial P}\right]_T \ ; \text{unité } Pa^{-1} \tag{I.5}$$

Comme ce coefficient est positif, on introduit le signe "moins" pour tenir compte de la diminution du volume quand la pression augmente.

Comme il est souhaitable que ce coefficient traduise la propriété d'un matériau et non d'une quantité particulière de ce matériau, on divise par le volume : de la sorte, le rapport $\frac{\Delta V}{V}$ devient intensif.

Ce coefficient permet d'accéder à la variation relative de volume $\frac{\Delta V}{V}$ pour une variation de pression δP.

- <u>Le coefficient de dilatation à pression constante $\boldsymbol{\alpha}$</u>

Si, à pression constante, on augmente la température de T à $(T + \Delta T)$, le volume augmente de V à $(V + \Delta V)$.

On définit le coefficient de dilatation à pression constante :

$$\alpha = \frac{1}{V}\left[\frac{\partial V}{\partial T}\right]_P \ ; \quad \text{unité} : K^{-1} \tag{I.6}$$

Cela traduit la variation relative de volume sous l'action d'une élévation de température.

- <u>Le coefficient de compression isochore $\boldsymbol{\beta}$</u>

A $V =$ constante, si la pression passe de P à $(P + \Delta P)$ sous l'action d'une élévation de température de T à $(T + \Delta T)$, on peut définir le coefficient de compression isochore :

$$\beta = \frac{1}{P}\left[\frac{\partial P}{\partial T}\right]_V \quad \text{unité} : K^{-1} \tag{I.7}$$

L'accroissement relatif de pression à volume constant s'exprime par :

$$\frac{\partial P}{P} = \beta \partial T$$

IV.3 Loi de Boyle & Mariotte

L'expérience montre que le volume occupé par une certaine masse de gaz et la pression qu'elle supporte sont liés. Ils varient de manière inversement proportionnelle. A température constante, le produit PV est constant (C'est une hyperbole équilatère).

$$T = Cte \;\rightarrow PV = Cte \tag{I.8}$$

IV.4 Loi de Gay-Lussac

L'expérience montre qu'à pression constante, le volume occupé par une certaine masse de gaz varie de manière linéaire avec la température.

$$V = V_0(1+\propto t) \tag{I.9}$$

où $\propto = \frac{1}{273.15}$ exprimé en K^{-1} est le coefficient cubique de dilatation thermique du gaz.

IV.2.1 Constante spécifique des gaz : r

Elle dépend de la nature du gaz considéré, des masses de gaz en jeu, des unités choisies.

$$P = P_0 = Cte$$

$$v = \frac{V}{M} \qquad \text{et} \qquad v = v_0(1 + \alpha t)$$

$$Pv = P_0 v_0 \left(1 + \alpha t\right) = P_0 v_0 \alpha \left(\frac{1}{\alpha} + t\right) = P_0 v_0 \alpha\, T \tag{I.10}$$

T=Cte, $Pv = Cte$, on notera : $\qquad r = P_0 v_0 \alpha \; ; [J.kg^{-1}.K^{-1}] \tag{I.11}$

r représente un travail spécifique, r est appelée constante spécifique du gaz.

Cas de l'air : $T_0 = 273.15\ K$; $P_0 = 1,013125.10^5 Pa$; $V_0 = \frac{1}{1.29} m^3.kg^{-1}$

$$r = P_0 V_0 \alpha = 1.013125 \frac{10^5}{1.293\ .273.15} = 287\ J.kg^{-1}.K^{-1}$$

IV.2.2 Constante Universelle : R

D'après Boyle & Mariotte : $\qquad Pv = rT \rightarrow PV = MrT$

On note $Mr = R$, R est indépendante de la nature du gaz, contrairement à r, constante spécifique du gaz.

Dans le cas d'une mole de gaz, la masse M correspond à la masse molaire $\mathbf{\mu}$ du gaz. Ainsi, on obtient l'équation d'état $\boldsymbol{PV = RT}$ ou équation de Clapeyron.

Dans le cas de $\boldsymbol{n}$ moles, son expression générale est :

$$\boldsymbol{PV = nRT} \qquad\qquad (I.12)$$

$P : [Pa]; \ \ V : [m^3]; \ T : [K]; \ R : [\,J.mole.K^{-1}]$

Tout gaz qui obéit rigoureusement à cette équation s'appelle **GAZ PARFAIT**.

Un **gaz parfait** a comme coefficients thermo élastiques :

$$\alpha = \frac{1}{T}; \ \ \beta = \frac{1}{T}; \ \ \chi = \frac{1}{P} \qquad\qquad (I.13)$$

$$\alpha = \beta \chi P \qquad\qquad (I.14)$$

Loi d'Avogadro : Dans les conditions de pression et de température identiques, tous les gaz parfaits ont des volumes molaires égaux 1 mole occupe $22.4l$; 1Kmole occupe 22.4 m^3.

Valeur de la constante universelle des gaz parfaits R :

$$R = \mu r = \mu \frac{Pv}{T} = 1.013125.10^5 \frac{22.4}{273.15} = 8314\ J.kmole^{-1}.K^{-1}$$

$$R = 8.314\ J/mole.K$$

Déduction : La constante spécifique de n'importe quel gaz est : $r = \frac{R}{\mu}$ \qquad $(I.15)$

V. MELANGE DES GAZ PARFAITS

V.1 Loi de Dalton

L'étude des mélanges gazeux dont chaque constituant peut être considéré comme un gaz parfait offre un intérêt particulier, on obtient une bonne approximation pour de nombreux mélanges de gaz réels à des pressions peu élevées. En pratique, la loi de Dalton régit le comportement du mélange gazeux.

Pour un mélange gazeux idéal, le nombre de moles est :
$N = \sum_i n_i$, gaz non réactifs et immersibles. Chaque gaz se comporte comme s'il occupait seul le volume total à la température du mélange. Chaque gaz agit indépendamment des autres sur les parois du récipient avec sa propre pression appelée pression partielle.

$$Pmélange = \sum_i P_i \tag{I.16}$$

V.2 Composition du mélange gazeux

- Concentration massique : elle est définie par $g_i = \dfrac{M_i}{M}$ $\qquad$ (I.17)

$M = \sum_i M_i$ est la masse du mélange.

- Concentration volumique : elle est définie par $\qquad f_i = \dfrac{V_i}{V}$ $\qquad$ (I.18)

$V = \sum_i V_i$ est le volume du mélange.

- Concentration molaire : elle est définie par $\qquad \varphi_i = \dfrac{N_i}{N}$ $\qquad$ (I.19)

$N = \sum_i N_i$ est le nombre de moles du mélange gazeux.

V.3 Masse spécifique, volume spécifique, masse molaire d'un mélange gazeux

<u>V.3.1 Masse spécifique, volume spécifique</u>

Par définition, $M = \rho V$;

$$\rho = \frac{M}{V} = \frac{\rho_1 V_1 + \rho_2 V_2 + \cdots \rho_n V_n}{V} = \rho_1 f_1 + \rho_2 f_2 \ldots + \rho_n f_n$$

La masse spécifique du mélange gazeux est donc : $\qquad \rho_m = \sum_i \rho_i f_i$ $\qquad$ (I.20)

Le volume spécifique est l'inverse de la masse spécifique :

$$v_m = \frac{1}{\rho} = \frac{1}{\sum_i \rho_i f_i} \qquad (I.21)$$

<u>V.3.2 Masse molaire d'un mélange gazeux</u>

La masse molaire d'un mélange gazeux est $\mu_m = \dfrac{M}{N} = \dfrac{\sum_i M_i}{\sum_i N_i} = \dfrac{\sum_i M_i}{\dfrac{\sum_1^n M_i}{\mu_i}} = \dfrac{\dfrac{\sum_i M_i}{M}}{\dfrac{\sum_1^n M_i}{M\mu_i}} =$

$\dfrac{1}{\dfrac{\sum_i M_i}{M}}\mu_i$

$$\mu_m = \frac{\mu_i}{\sum_i g_i} = \frac{1}{\dfrac{\sum_i g_i}{\mu_i}} \qquad (I.22)$$

<u>V.3.3 Constante spécifique d'un mélange gazeux</u>

$$P_1 V = M_1 r_1 T$$
$$P_2 V = M_2 r_2 T$$
$$P_n V = M_n r_n T$$

En additionnant les équations relatives à l'état de chaque composant du mélange gazeux, on obtient :

$$(P_1 + P_2 + \cdots \ldots P_n)\, V = (M_1 r_1 + M_2 r_2 + \ldots M_n r_n) T$$
$$\sum_i P_i V = \sum_i M_i r_i \, T$$
$$P_m V = M r_m T$$

D'où $M r_m = \sum_i m_i r_i$; soit $r_m = \dfrac{\sum_i m_i r_i}{M}$

Finalement : $\qquad r_m = \sum_i g_i r_i$ $\qquad\qquad\qquad (I.23)$

V .4 Pressions partielles

$$P_1 V = M_1 r_1 T$$
$$P_2 V = M_2 r_2 T$$
$$P_n V = M_n r_n T$$
$$P_m V = M r_m T$$

En faisant le rapport d'un composant par rapport au mélange gazeux, on obtient :

$$\frac{P_i}{P_m} = \frac{M_i r_i}{M r_m}$$

D'où :
$$P_i = P_m \cdot g_i \cdot \frac{r_i}{r_m} = P_m \cdot g_i \cdot \frac{\mu_m}{\mu_i} \qquad (I.24)$$

V.5 Exercices

Exercice I.1 :

Déterminer la composition volumique de l'air, sa masse molaire, sa constante spécifique et les pressions partielles sachant que sa composition massique est la suivante : $g_{N_2} = 76.8\%$ et $g_{O_2} = 23.2\%$. L'air se trouve à la pression atmosphérique.

Solution :
- La masse molaire de l'azote est μ_{N2}=28g ; 1mole occupe 22.4l donc :
$$28kg \to 22.4\ m^3$$
$$76.8\% \to V_{N_2}$$
$$V_{N_2} = \frac{22.4}{28} * 76.8\% = 0.6144\ m^3$$
- La masse molaire de l'oxygène μ_{O2}=32g ; 1mole occupe 22.4l donc :
$$32kg \to 22.4\ m^3$$
$$23.2\% \to V_{O_2}$$
$$V_{O_2} = \frac{22.4}{32} * 23.2\% = 0.1624\ m^3$$
- La composition volumique de l'air est donc la suivante :
$$fN_2 = \frac{V_{N_2}}{V_{N_2} + V_{O_2}} = \frac{0.6144}{0.6144 + 0.1624} = 79\%$$
$$fO_2 = \frac{V_{O_2}}{V_{N_2} + V_{O_2}} = \frac{0.1624}{0.6144 + 0.1624} = 21\%$$
- Masse molaire de l'air :
$$\mu_m = \frac{\mu_i}{\sum_i g_i} = \frac{1}{\frac{\sum_i g_i}{\mu_i}} = \frac{1}{\frac{76.8\%}{28} + \frac{23.2\%}{32}} = 29\ g$$
- Constante spécifique de l'air :
$$r_{N_2} = \frac{R}{\mu_{N_2}} = \frac{8314}{28} = 296.92\ \frac{J}{kgK}$$
$$r_{O_2} = \frac{R}{\mu_{O_2}} = \frac{8314}{32} = 259.81\ \frac{J}{kgK}$$
$$r_{air} = \sum_i g_i r_i = 76.8\% * 296.92 + 23.2\% * 259.81 = 288\ \frac{J}{kgK}$$

- Pressions partielles :
$$P_i = P_m * f_i$$
$$P_{N_2} = P_m * f_{N_2} = 1 * 79\% = 0.79\ atm$$
$$P_{O_2} = P_m * f_{O_2} = 1 * 21\% = 0.21\ atm$$

Exercice I.2 :

On considère un hydrocarbure dont la composition volumique est la suivante : CO 39% ; H_2 18% et N_2 43%. Déterminer sa composition massique, sa masse molaire, sa constante spécifique et ses pressions partielles sachant qu'il se trouve à une pression de 990 mbar ?

Réponses : $g_{CO} = 46.1\%$; $g_{N_2} = 1.53\%$; $g_{H_2} = 51.63\%$; $\mu_m = 23.56g$; $r_m = 353\frac{J}{kgK}$;

$P_{CO} = 386.1\ mbar$; $P_{H_2} = 178.20\ mbar$; $P_{N_2} = 425.70\ mbar$

V.6 Mélange de deux corps à des températures différentes

Par contact ou mélange de deux corps à des températures différentes, il y a transfert de chaleur : à l'équilibre thermique les deux corps ont alors même température et $T = Tm$ (température finale du mélange).

La température du mélange Tm s'obtient à partir du bilan d'énergie des deux systèmes ou corps.

$$Q_{AM} + Q_{BM} = Q_P \tag{I.25}$$

Q_P: sont les pertes de chaleur du système non adiabatique. Si le système est isolé thermiquement, donc **adiabatique** $(Q_P = 0)$ alors on a :

$$m_a C_a(t_m - t_a) + m_b C_b(t_m - t_b) = 0 \tag{I.26}$$

$$t_m = \frac{m_a C_a t_a + m_b C_b t_b}{m_a C_a + m_b C_b} \tag{I.27}$$

VI.   SYSTEMES THERMODYNAMIQUES

On appelle système thermodynamique un ensemble de corps matériels interagissant aussi bien entre eux qu'avec le milieu extérieur. Le milieu extérieur est une quantité de matière qu'on isole par la pensée du reste de l'univers. Un système peut être **homogène** : composition chimique identique, propriétés physiques identiques ou **hétérogène** : composé de plusieurs domaines homogènes (eau + glace).

VI.1 Etat d'équilibre du système

On dit qu'un système est à l'état d'équilibre thermodynamique, si ces variables d'état ont des valeurs bien définies et constantes. On distingue alors selon le cas entre :

- Variables ou grandeurs **thermiques** (P, V, T) ou **calorifiques** (U, H, W, Q, S)
- Variables **extensives** c'est-à-dire proportionnelles à la quantité de matière telles que $(M, V, U \dots)$ ou variables **intensives** c'est-à-dire indépendantes de la masse telles que $(P, T, concentration \dots)$

Suivant les conditions extérieures données, le système tend à prendre un état appelé d'état d'équilibre (stable, métastable, instable).

Un système est à l'état d'**équilibre stable** lorsque ses propriétés ne varient pas dans le temps. Trois conditions sont nécessaires :

✓ Equilibre thermique : température constante en tous ses points.
✓ Equilibre mécanique : pression constante en tous ses points.
✓ Equilibre chimique : composition uniforme

Equilibre métastable : n'est pas stable en théorie, mais paraît tel en raison d'une vitesse de transformation très faible.

Equilibre instable : écarté de son état, le système ne revient pas mais prend un nouvel état d'équilibre.

VII. TRANSFORMATIONS THERMODYNAMIQUES

Lorsque l'état du système varie avec le temps, le système subit une transformation thermodynamique ou une évolution (changement d'un des paramètres d'état).

✓ **Transformations réversibles**

Ce sont des transformations infiniment lentes des divers paramètres qui permettent le retour du système à son état initial par le même chemin d'aller. Le système passe par une série d'états qui le ramènent à l'état d'équilibre.

✓ **Transformations irréversibles**

Ce sont des transformations rapides et brutales hors équilibre. Les conditions d'équilibre ne sont pas réalisées en sens inverse au cours d'une transformation ; Il est impossible de revenir à l'état initial. Toutes les transformations réelles sont irréversibles.

✓ **Représentation graphique des transformations thermodynamiques**

Pour divers changements d'état, on peut avoir en coordonnées (P, V) ; (P, T) ; (V, T) différents diagrammes d'état de la substance (Fig. I.3).

-Transformation isotherme : C'est une transformation au cours de laquelle la température du système reste constante.

- Transformation isobare : C'est une transformation qui évolue à pression constante.

- Transformation isochore : C'est une transformation qui évolue à volume constant.

- Transformation adiabatique : C'est une transformation au cours de laquelle, le système ne reçoit ni ne cède de la chaleur au milieu extérieur. Le système est isolé thermiquement. $\delta Q = 0$. Elle est régie par l'équation : $PV^{\gamma} = Cte$, γ est l'exposant adiabatique.

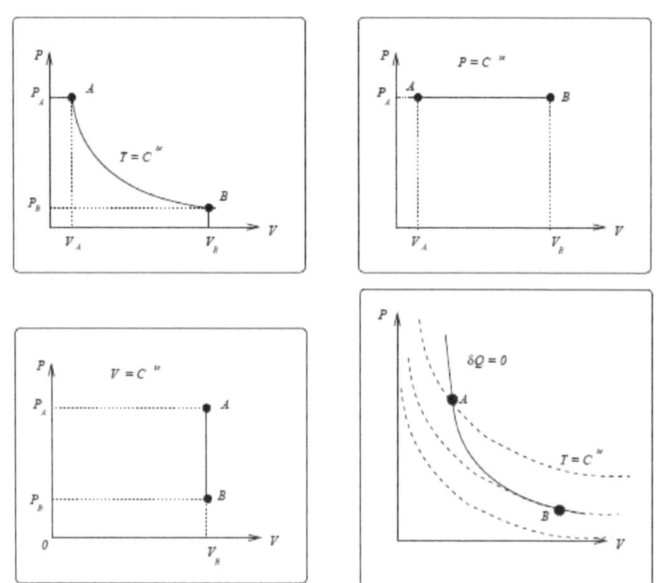

Figure I.3 : Représentation graphique des différentes transformations thermodynamiques

VIII.   SOURCES D'ENERGIE, FORMES D'ENERGIE, MACHINES TRANSFORMATRICES D'ENERGIE

VIII.1 Sources

- <u>Sources naturelles</u> : Energie solaire, éolienne (masses d'air en mouvement perpétuel), énergie des marées, énergie des geysers…
- <u>Sources produites</u> : Combustibles : Houille, hydrocarbures, nucléaire… Les sources naturelles sont gratuites et présentent beaucoup d'avantages par rapport aux combustibles. Ces derniers sont brûlés, ils engendrent des produits de pollution, de radioactivité, de couche d'ozone (CFC).
-

VIII.2 Formes d'énergie

- *Energie mécanique* : Elle est liée à toute sorte de moteurs accomplissant un travail mécanique. Elle se présente sous deux formes : l'énergie potentielle de pression (statique), de pesanteur (poids soulevé) d'inertie (ressort tendu), de transvasement (gaz comprimé) et l'énergie cinétique ou dynamique (toute masse en mouvement).
- *Energie thermique* : Toute transformation produisant de la chaleur.
- *Energie chimique* : Résultant de la combinaison des corps simples, de l'action des uns sur les autres.
- *Energie électrique* : Elle se manifeste par les phénomènes d'attraction et de répulsion. D'emploi commode, elle est transportée avec aisance. Elle se transforme facilement sous d'autres formes d'énergie et possède de très nombreuses applications.
- *Energie nucléaire* : Elle prend source dans le phénomène de fission, de désintégration atomique.
- Autres : Il existe d'autres formes d'énergie (lumineuse, rayonnante, électromagnétique…) convertibles entre elles.

VIII.3 Machines transformatrices d'énergie

Ce sont principalement :
- Les moteurs thermiques (à vapeur, à combustion interne…) ;
- Les turbomachines : pompes, compresseurs, ventilateurs, turbines ;
- Les générateurs (échangeurs de chaleur…)
- les réacteurs nucléaires.

Chapitre II : PREMIER PRINCIPE DE LA THERMODYNAMIQUE

I. EQUIVALENCE ENTRE CHALEUR ET TRAVAIL

Par définition, la chaleur comme le travail sont des formes de transfert d'énergie. La chaleur est une forme de transmission de l'énergie déterminée soit par contact direct entre les corps (conduction, convection), soit par contact indirect (rayonnement). Le travail est un mécanisme impliquant nécessairement une variation de volume.

I.1 Points communs entre la chaleur et le travail

La chaleur et le travail sont des phénomènes de frontière. L'un comme l'autre ne peuvent être observés qu'aux frontières d'un système. Chacun représente un transfert d'énergie à travers les frontières d'un système.

La chaleur et le travail sont des phénomènes transitoires. Un système ne contient ni chaleur ni travail. Toutefois, ces formes d'énergie traversent les frontières du système lorsque celui-ci subit un changement d'état.

La chaleur et le travail ne se manifestent qu'au cours d'une évolution. Contrairement aux variables thermodynamiques, la chaleur et le travail ne représentent pas l'état d système. La chaleur et le travail ne sont pas des fonctions d'état, ils sont tous deux des fonctions de parcours c'est-à-dire qu'ils dépendent du chemin suivi par l'évolution. La chaleur et le travail sont des différentielles inexactes.

I.2 Expérience de Joule

Cette expérience consiste à agiter un fluide avec une énergie mécanique connue et de mesurer l'élévation de température due à cette agitation.

C'est dans un calorimètre rempli d'eau, thermiquement isolé, dans lequel tournent des palettes entraînées par la chute d'une masse M qu'a lieu cette expérience (Fig. II.1).

Lorsque la masse M descend, il en résulte un travail $W = Mgh$.

Pour évaluer la quantité de chaleur dégagée dans le vase rempli d'eau, on mesure avec un thermomètre l'écart de température ΔT enregistré, ainsi $Q = Mc_p\Delta T$

Joule a établi par une série d'expériences soigneusement effectuées, qu'il y avait une proportionnalité directe entre le travail dépensé et la quantité de chaleur obtenue $Q \ est \ \alpha$ à W

$$W = JQ$$

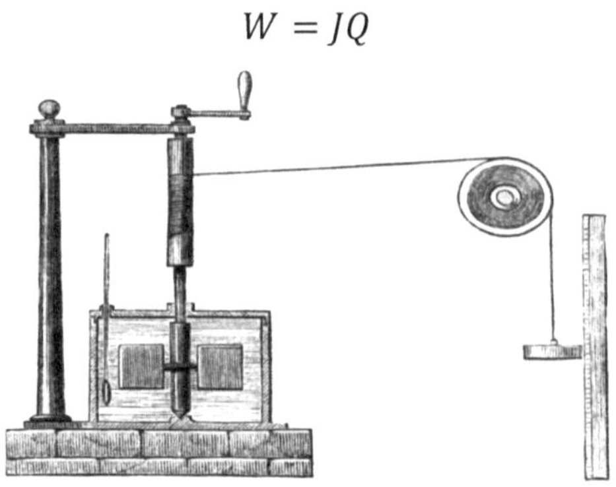

Figure II.1 : appareil expérimental de Joule (1842)

Joule a trouvé que ce coefficient est toujours le même quelque soit la forme du travail, son mode d'obtention et la température du corps.

Exemples :

- Conversion de la chaleur en travail : déplacement mécanique suite combustion au sein d'un moteur.
- Conversion du travail en chaleur : échauffement des plaquettes de freins.

II. ENONCES DU PRINCIPE D'EQUIVALENCE

II.1 Principe de l'équivalence

<u>Enoncé 1 :</u>

Quand un système revient à son état initial en effectuant un cycle de transformations dans lesquelles il n'échange que du travail et de la chaleur avec le milieu extérieur,

- S'il a reçu du travail, il a fourni de la chaleur au milieu extérieur ;
- S'il a reçu de la chaleur, il a fourni du travail au milieu extérieur ;

Il existe un rapport constant J entre les valeurs absolues des quantités de travail W et de chaleur Q échangées.

$$\left| \frac{W}{Q} \right| = J \tag{II.1}$$

J est l'équivalent mécanique de l'unité de quantité de chaleur : $\boldsymbol{J = 4.186\ cal^{-1}}$

<u>Enoncé 2 :</u>

Dans un **cycle fermé** réalisé avec uniquement des échanges de travail et de chaleur, **la somme algébrique** des énergies mécanique et calorifique reçues ou cédées par le système **est nulle**.

$$\left| \frac{W}{Q} \right| = J$$

$$\frac{W}{Q} = -J$$

$$W + JQ = 0$$

$$\boldsymbol{W + Q = 0} \tag{II.2}$$

III.   PRINCIPE DE L'ETAT INITIAL ET DE L'ETAT FINAL

Considérons les deux cycles suivants : $A\,(1)\,B\,(3)\,A$ et $A\,(2)\,B\,(3)\,A$ (Fig. II.2)

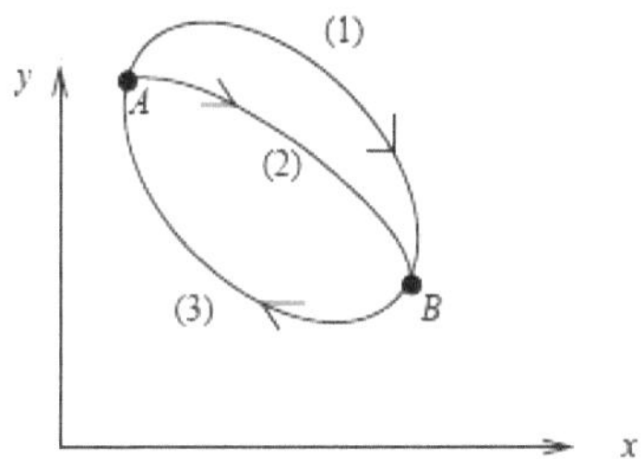

Figure II.2 : Principe de l'état initial et de l'état final

Appliquons le principe d'équivalence pour chacun des deux cycles :

$$\text{Cycle } A\,(1)\,B\,(3)\,A : \; W_1 + Q_1 + W_3 + Q_3 = 0$$

$$\text{Cycle } A\,(2)\,B\,(3)\,A : \; W_2 + Q_2 + W_3 + Q_3 = 0$$

D'où : $\qquad W_1 + Q_1 = W_2 + Q_2 \tag{II.3}$

Lorsqu'un système évolue d'un état initial A vers un état final B, la somme algébrique des énergies mécaniques et calorifiques reçues ou cédées par le système à l'extérieur ne dépend que de l'état initial et de l'état final et non du chemin suivi pour aller de A à B.

IV.   LOI DE LA CONSERVATION ET DE LA TRANSFORMATION DE L'ENERGIE

IV.1 Enoncés du 1er principe

Enoncé 1 : L'énergie contenue dans tout système isolé (qui n'échange aucun travail, ni chaleur, ni substance avec le milieu extérieur) reste constante. Cette loi porte le nom du 1er principe de la thermodynamique.

$$\sum Energies = Constante \qquad (II.4)$$

$$Q + W + EL + \cdots = \Delta U + \Delta E_C + \Delta E_P + \Delta E_{el} + \cdots. \qquad (II.5)$$

Différents types d'énergies échangées entre le système et son milieu extérieur
= Variation des différents types d'énergies propres au système

EL : est l'énergie électrique (transitant à travers la frontière du système) ; U : est l'énergie interne ; $Ec\ et\ Ep$ sont respectivement les énergies cinétique et potentielle.

Enoncé 2 : *« L'énergie ne se perd pas et ne se crée pas, elle ne fait que passer d'une forme à une autre dans les diverses transformations physiques et chimiques ».*

Autrement dit, l'énergie contenue dans tout système isolé (c'est-à-dire qui n'échange avec le milieu extérieur ni chaleur, ni travail, ni substance) reste constante.

IV.2 Travail des forces de pression

Raisonnons à partir d'un gaz enfermé dans un cylindre surmonté d'un piston mobile   (Fig. II.3). Le cylindre a une section (S) et considérons un déplacement élémentaire (dl) du piston. La force élémentaire appliquée par le milieu extérieur sur l'élément de fluide est :

$$dF = -P.\vec{n}.dS \qquad (II.6)$$

L'expression du travail élémentaire est :

$$\delta W = dF.dl = -P.\vec{n}.dS.dl = -PdV \qquad (II.7)$$

dV représente la variation du volume engendrée par le déplacement dl .

$dV < 0$: Compression, alors $\delta W > 0$

(II.8) **$dV > 0$: Détente, alors $\delta W < 0$**

(II.9)

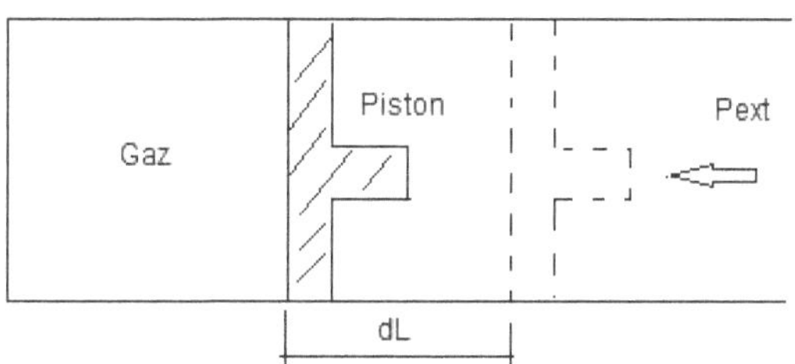

Figure II.3 : variation d'un volume de gaz

Cette formule se généralise à un travail élémentaire de forces de pression quelconque :

$$\delta W = -P_{ext}dV \qquad (II.10)$$

Pour une variation finie de volume, l'expression du travail extérieur est :

$$W_{12} = -\int_1^2 P_{ext}\, dV \qquad (II.11)$$

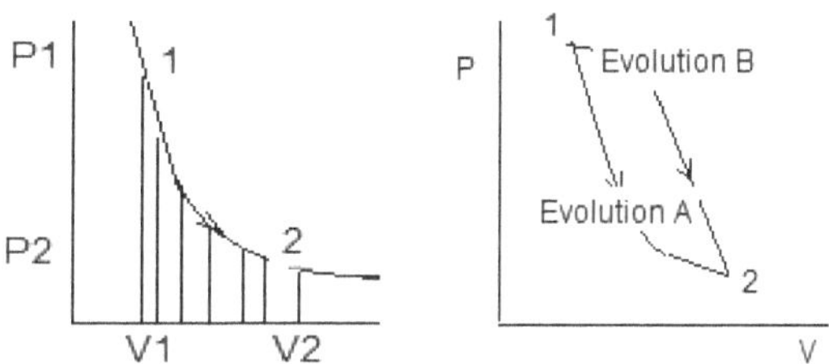

Figure II.4 : travail de détente d'un gaz

Le travail dépend de l'état initial et de l'état final, donc des chemins parcourus (Fig. II.4).

V. ENERGIE INTERNE, EQUATION DU 1ER PRINCIPE

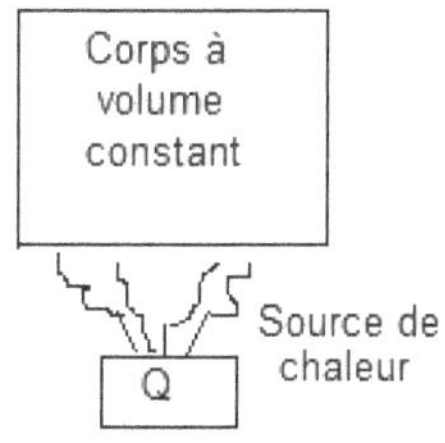

Figure II.5 : apport de chaleur à un corps

L'apport de chaleur engendre l'augmentation de la température du corps considéré   (Fig. II.5). On sait en réalité que le volume croit avec la température $V = V_0(1 + \alpha t)$. Un travail extérieur est produit par l'augmentation du volume. En vertu de la loi de conservation d'énergie, la chaleur fournie au corps sert à augmenter son énergie interne dont la variation se traduit par:

$$\Delta U_{12} = Q_{12} + W_{12} \tag{II.12}$$

Enoncé : La variation d'énergie interne du système entre les deux états d'équilibre notés 1 et 2 est égale à la somme algébrique des quantités d'énergie mécanique W (travaux des forces extérieures appliquées au système) et calorifique Q (quantité de chaleur) reçues du milieu extérieur. C'est l'équation du 1er principe de la thermodynamique, qui s'écrit sous forme différentielle :

$$dU = \delta Q + \delta W \tag{II.13}$$

<u>Déduction</u> : Pour un système isolé

$$dU = 0 \tag{II.14}$$

VI. 1ERE LOI DE JOULE
✓ Expérience de Joule Gay-Lussac

02 vases communicants sont immergés à l'intérieur d'un calorimètre rempli d'eau, l'un d'eux est rempli de gaz, tandis que l'autre est vide (Fig. II.6).

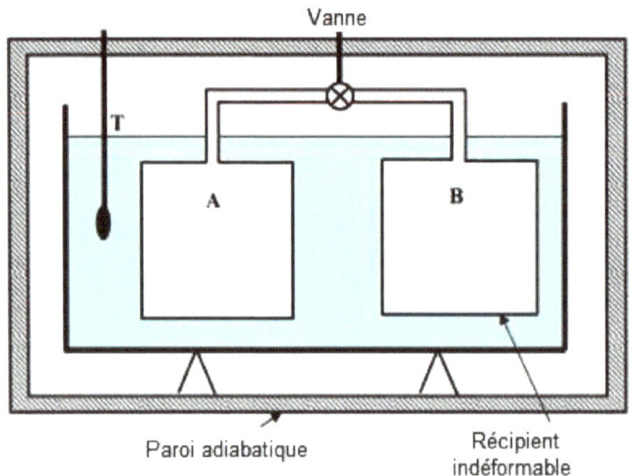

Figure II.6 : dispositif expérimental de Joule Gay-Lussac

Instant initial : Le volume A est rempli d'un gaz parfait à étudier et le volume B est vide. On ouvre la vanne ; le gaz se répartit dans A et B et on constate que la température T ne varie pas et reste égale à sa valeur initiale une fois le nouvel équilibre atteint. Pour le système (A + B) on a une transformation irréversible sans aucun échange avec l'extérieur $W = 0$, car le récipient rempli d'eau est indéformable, la paroi est adiabatique $Q = 0$, sinon T aurait changée, donc $\Delta U = 0$. L'énergie interne du gaz n'a pas varié : $U_{FINALE} = U_{INITIALE}$

Pour le gaz T n'a pas changée mais V a changé (passage de V_A à $V_A + V_B$) donc, puisque U n'a pas changé, cela veut dire que U ne dépend pas de V

Déduction :

$$\left(\frac{\partial U}{\partial V}\right)_T = 0 \qquad\qquad (\text{II}.15)$$

L'énergie interne U d'un gaz parfait ne dépend que de la température $U = U(T)$

L'énergie interne U se détermine univoquement si l'on connait 02 autres paramètres quelconques de la substance. U est une fonction d'état, elle ne dépend que de l'état initial et final. U est une différentielle totale exacte.

D'où $\qquad\qquad\qquad U = f(V, T)$

$$dU = \left(\frac{\partial U}{\partial v}\right)_T dV + \left(\frac{\partial U}{\partial T}\right)_V dT \qquad\qquad (\text{II}.16)$$

Transformation isochore : $V = Ct \rightarrow \quad dV = 0 \rightarrow \delta W = 0$

A l'aide des équations (I.2) (II.7) et (II.13) on obtient :

$$\delta Q = dU; \left(\frac{\partial U}{\partial V}\right)_T = 0$$

$$dU = \left(\frac{\partial U}{\partial T}\right)_V dT = \left(\frac{\partial Q}{\partial T}\right)_V dT = C_V dT$$

$$dU = C_V dT \qquad\qquad (\text{II}.17)$$

$$dU = nC_V dT \text{ ; (n moles)} \qquad\qquad (\text{II}.18)$$
$$dU = mC_V dT; \text{ (m kg)} \qquad\qquad (\text{II}.19)$$

NB: La physique moderne envisage l'énergie interne de la substance comme la somme des énergies cinétiques et potentielle des molécules (atomes, ions, électrons) de cette substance.

VII. RELATION DE Robert Von MAYER POUR UN GAZ PARFAIT

En divisant par dT l'équation du 1er principe :

$$\frac{dU}{dT} = \frac{dQ}{dT} + \frac{dW}{dT} \tag{II.20}$$

A l'aide de (II.7) , on obtient :

$$\frac{dU}{dT} = \frac{dQ}{dT} - \frac{PdV}{dT} \tag{II.21}$$

La dérivation de l'équation d'état $PV = nRT$ donne :

$$PdV + VdP = nRdT \tag{II.22}$$

Pour une transformation isobare, (II.21) et (II.22) conduisent à :

$$\left(\frac{dU}{dT}\right) = \left(\frac{dQ}{dT}\right)_P - \left(\frac{nRdT}{dT}\right) \tag{II.23}$$

L'équation (II.18) injectée dans (II.23) mène à l'équation de Mayer :

$$C_P = C_V + nR$$
$$\boldsymbol{C_P - C_V = nR} \tag{II.24}$$

A l'aide de la définition de l'exposant adiabatique γ (I.4) et de (II.24), on obtient les expressions des chaleurs spécifiques :

$$C_V = \frac{nR}{\gamma - 1} \quad ; \quad \text{n moles} \tag{II.25}$$

$$C_P = \frac{\gamma\, nR}{\gamma - 1} \quad ; \quad \text{n moles} \tag{II.26}$$

$$C_V = \frac{m\, r}{\gamma - 1} \quad ; \quad \text{m \ kg} \tag{II.27}$$

$$C_P = \frac{\gamma\, m\, r}{\gamma - 1} \quad ; \quad \text{m \ kg} \tag{II.28}$$

VIII. EQUATION DE LA TRANSFORMATION ADIABATIQUE D'UN GAZ PARFAIT

Cette évolution a lieu sans échange de chaleur avec le milieu extérieur, donc :

$$dQ = 0 \tag{II.29}$$

A l'aide des équations :(II.7), (II.13) et (II.18) on obtient :

$$dU = \delta W = nC_V dT \tag{II.30}$$

$$nC_V dT + PdV = 0 \tag{II.31}$$

$$dT = \frac{-PdV}{nC_V} \tag{II.32}$$

En substituant l'équation $(II.22)$ dans $(II.31)$:
$$nC_V dT + nRdT - VdP = 0 \qquad (II.33)$$
Par substitution $(II.31)$ et $(II.32)$ dans $(II.33)$ on obtient :

$$PdV\left(1 + \frac{R}{C_V}\right) + VdP = 0 \qquad (II.34)$$

D'après la relation de Mayer $(II.24)$ et la définition de $\gamma(I.4)$; l'équation $(II.34)$ s'écrit :

$$PdV\left(1 + \frac{C_P - C_V}{C_V}\right) + VdP = 0 \qquad (II.35)$$

$$PdV(\gamma) + VdP = 0 \qquad (II.36)$$

En divisant $(II.36)$ par PV :
$$\gamma\left(\frac{dV}{V}\right) + \frac{dP}{P} = 0 \qquad (II.37)$$
Par intégration $(II.37)$, on aura :
$$\ln V^\gamma + \ln P = Cte \qquad (II.38)$$
Finalement, l'équation de la transformation adiabatique est :
$$PV^\gamma = Cte \qquad (II.39)$$

<u>Déduction :</u> Equations de Laplace

$$PV = RT \quad \rightarrow P = \frac{RT}{V}$$
$$PV^\gamma = Cte$$
$$T.V^{\gamma-1} = Cte \qquad (II.40)$$
$$\frac{T}{P^{\frac{\gamma-1}{\gamma}}} = Cte \qquad (II.41)$$

IX. EXPRESSION DE LA CHALEUR ET DU TRAVAIL DANS LES EVOLUTIONS DES GAZ PARFAITS

VIII.1 Evolution isotherme

Température constante

D'après $(II.17)$ $\qquad\qquad dU = 0 \qquad\qquad (II.42)$

Selon $(II.13)$, $\qquad\qquad \delta Q = -\delta W \qquad\qquad (II.43)$

D'où : $\qquad\qquad Q = -W \qquad\qquad (II.44)$

Expression du travail :

$$W_{12} = -\int_1^2 P\,dV$$

$$W_{12} = -\int_1^2 \left(n\frac{RT}{V}\right) dV = -nRT\int_1^2 \frac{dV}{V} = -nRT\ln\frac{V_2}{V_1} \qquad (\text{II}.45)$$

$$PV = Cte \quad \rightarrow \quad P_1V_1 = P_2V_2 \qquad (\text{II}.46)$$

$$W_{12} = -nRT\ln\frac{V_2}{V_1} = -nRT\ln\frac{P_1}{P_2} \qquad (\text{II}.47)$$

Dans le cas d'une masse m, l'expression du travail devient :

$$W_{12} = -m\,rT\ln\frac{V_2}{V_1} = -mrT\ln\frac{P_1}{P_2} \qquad (\text{II}.48)$$

VIII.2 Evolution isochore

$V = Cte \rightarrow dV = 0$

$$W_{12} = 0 \qquad (\text{II}.49)$$

En vertu du 1er principe :

$$Q_{12} = U_{12} = nC_V\,dT \qquad (\text{II}.50)$$

VIII.3 Evolution isobare

$$P = Cte \rightarrow W_{12} = -\int_1^2 P\,dV = -P\int_1^2 dV = -P\,(V_2 - V_1) \qquad (\text{II}.51)$$

En vertu du 1er principe :

$$U_{12} = Q_{12} + W_{12} = Q_{12} - P\,(V_2 - V_1) = n\,C_V\,dT \qquad (\text{II}.52)$$

A l'aide des équations $(\text{II}.22)$; $(\text{II}.25)$ et $(\text{II}.26)$, on obtient à partir de $(\text{II}.52)$

$$Q_{12} = C_V\,dT + P\,(V_2 - V_1) = nC_P\,(T_2 - T_1) = nR\left(\frac{\gamma}{\gamma-1}\right)(T_2 - T_1) \;;\; \text{n moles}$$

$$(\text{II}.53)$$

$$Q_{12} = m\,C_p\,(T_2 - T_1) = mr\left(\frac{\gamma}{\gamma-1}\right)(T_2 - T_1) \qquad ;\; m\,kg \qquad (\text{II}.54)$$

VIII.4 Evolution adiabatique

$$Q_{12} = 0 \qquad (\text{II}.55)$$

En vertu du 1er principe (1) :
$$Q_{12} = U_{12} - W_{12} = nC_V\,dT - W_{12} = 0$$
$$W_{12} = nC_V\,dT$$
$$W_{12} = nC_V\,(T_2 - T_1) \;;\; n\,moles \qquad (\text{II}.56)$$
$$W_{12} = m\,C_V\,(T_2 - T_1) \;;\; m\,kg \qquad (\text{II}.57)$$

L'expression du travail échangé peut être obtenue également à partir de l'équation (II. 39) caractérisant une évolution adiabatique $PV^{\gamma} = Cte$

En effet $P = \dfrac{Cte}{V^{\gamma}}$, d'où :

$$W_{12} = -\int_1^2 PdV = -\int_1^2 \left(\dfrac{Cte}{V^{\gamma}}\right)dV = -Cte \int_1^2 V^{-\gamma}\, dV$$

$$W_{12} = -Cte \left[\dfrac{V_2^{-\gamma+1} - V_1^{-\gamma+1}}{-\gamma+1}\right] \tag{II.58}$$

Comme : $\quad V_2^{-\gamma+1} = \dfrac{V_2}{V_2^{\gamma}} = \left(\dfrac{P_2 V_2}{Cte}\right) \quad$ et $\quad V_1^{-\gamma+1} = \dfrac{V_1}{V_1^{\gamma}} = \left(\dfrac{P_1 V_1}{Cte}\right) \tag{II.59}$

Finalement, on obtient après substitution de (II. 59) dans (II. 58)

$$W_{12} = \dfrac{P_2 V_2 - P_1 V_1}{\gamma - 1} \tag{II.60}$$

<u>Autres expressions</u> :

<u>Sans P_2</u> : $\quad P_1 V_1^{\gamma} = P_2 V_2^{\gamma} \rightarrow \quad P_2 = \dfrac{P_1 V_1^{\gamma}}{V_2^{\gamma}} = P_1 \left(\dfrac{V_1}{V_2}\right)^{\gamma} \tag{II.61}$

L'équation (II. 61) injectée dans (II. 60) donne :

$$W_{12} = \dfrac{P_1 \left(\dfrac{V_1}{V_2}\right)^{\gamma} V_2 - P_1 V_1}{\gamma - 1} \quad = \dfrac{P_1 V_1}{\gamma - 1}\left[\left(\dfrac{V_1}{V_2}\right)^{\gamma-1} - 1\right] \tag{II.62}$$

<u>Sans V_2</u> :

$$P_1 V_1^{\gamma} = P_2 V_2^{\gamma} \rightarrow \dfrac{V_1}{V_2} = \left(\dfrac{P_2}{P_1}\right)^{\frac{1}{\gamma}} \tag{II.63}$$

$$W_{12} = \dfrac{P_1 V_1}{\gamma - 1}\left[\left(\dfrac{P_2}{P_1}\right)^{\frac{\gamma-1}{\gamma}} - 1\right] \tag{II.64}$$

VIII.5 Evolution polytropique (évolution réversible des gaz parfaits)

Elle suit la loi :

$$PV^n = Cte \tag{II.65}$$

n est l'exposant polytropique, il varie de 0 à $+\infty$

$n = 0$ est une évolution isobare

$n = 1$ est une évolution isotherme

$n = \gamma$ est une évolution adiabatique

$n = +\infty$ est une évolution isochore

De la même manière que (II. 60), on obtient :

$$W_{12} = \dfrac{P_2 V_2 - P_1 V_1}{n - 1} \; ; n\; moles \tag{II.66}$$

$$W_{12} = \dfrac{m\, r}{n - 1}(T_2 - T_1) \; ; m\; kg \tag{II.67}$$

La quantité de chaleur échangée est déterminée à partir de l'équation du 1er principe et (II. 67) :

$$Q_{12} + \frac{m\,r}{n-1}\,(T_2 - T_1) = mC_V\,(T_2 - T_1) \qquad (II.\,68)$$

Comme :

$$Q_{12} = mC\,(T_2 - T_1) \qquad (II.\,69)$$

Où C est la chaleur spécifique de l'évolution polytropique, C s'obtient à l'aide des équations (II. 67) et (II. 68) et de la relation de Mayer (II. 24).

$$C = C_V\,\frac{n-\gamma}{n-1} \qquad (II.70)$$

X.   EXERCICES

Exercice II.1 :

Au cours d'une évolution isobare à 7 bars absolus, le volume d'une certaine masse de gaz passe de 70 à $100\,dm^3$ et son énergie interne augmente de $20\,kJ$. Déterminer la quantité de chaleur qui accompagne cette évolution ?

Solution :

L'expression du travail accompagnant cette évolution à pression constante est :

$$W_{12} = -PdV = -7\,10^5\,(100 - 70) = -21000\,J = -21\,kJ$$

En vertu du 1er principe, la variation d'énergie interne est déterminée par :

$$dU = \delta Q + \delta W$$

Cette variation est donnée : $U_{12} = 20\,kJ$
Dans ce cas, la quantité de chaleur sera : $Q_{12} = U_{12} - W_{12} = 20 + 20 = 41\,kJ$

Exercice II.2 :

L'état initial d'une mole de gaz parfait est caractérisé par : $P_0 = 2.10^5$Pa ; $V_0 = 14$ l.
On fait subir à ce gaz les transformations suivantes :
- Une détente isobare qui double son volume ;
- Une compression isotherme qui la ramène à son volume initial ;
- Un refroidissement isochore qui la ramène à son état initial.

1°) A quelle température s'effectue la compression isotherme ? En déduire la pression maximale atteinte.

2°) Représenter le cycle des transformations sur diagramme de Clapeyron P-V.

3°) Calculer les travaux W_i et les quantités de chaleur Q_i en fonction de P_0 ; V_0 et $\gamma=1.4$

4°) Vérifier que $\Delta U=0$

Solution :

1°) Calcul de la température en fin de compression

Détente isobare 0-1

$P_0=P_1$ et $V_1=2V_0$

Compression isotherme 1-2

$T_1=T_2$ et $V_2=V_0$

$P_2V_2= P_1V_1= P_12V_0=2 P_0 V_0$

D'après la loi de Boyle & Mariotte $PV=RT$, $P_2V_2=R T_2$ et $P_0 V_0=RT_0$

Dans ce cas la température en fin de compression sera : $T_2= 2T_0$

2°) Représentation sur diagramme de Clapeyron

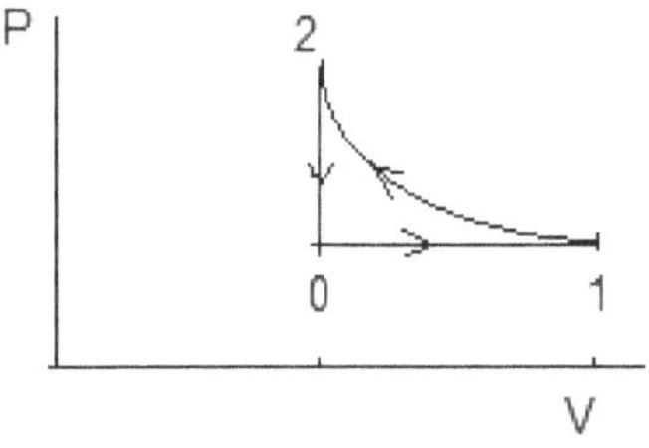

3°) Calcul des travaux et des quantités de chaleur en fonction de P_0 ; V_0 et $\gamma=1.4$

$W_{0-1}= -PdV=- P_0 (2V_0-V_0) =- P_0 V_0=-2.10^5 \times 14.10^{-3} =-2800$ J

$Q_{0-1}=C_P (T_1-T_0)=R (\gamma/ \gamma-1) T_0= P_0 V_0 (\gamma/ \gamma-1)= 2.10^5 \times 14.10^{-3}\times 3.5=9800$ J

$W_{1-2}=- \int_1^2 PdV = -RT_2 ln \frac{V_2}{V_1} = -P_0 2V_0 ln0.5 = -2 * 2800 * (-0.69) = 3881 J$

$Q_{1-2}=- W_{1-2}=-3881 J$ en vertu du 1er principe

$W_{2-0}=0$ car $dV=0$

$Q_{2-0}= U_{2-0}$ en vertu du 1er principe

$U_{2-0}=C_v (T_0 - T_2)= (-RT_0/ \gamma-1)= (-P_0 V_0/ \gamma-1)=-2800/0.4=-7000$ J

4°) Vérification : $\Delta U_{Cycle} = U_{0-1} + U_{1-2} + U_{2-0} = C_V(T_1 - T_0) + 0 + C_V(T_0 - T_1) = 0$

<u>Exercice II.3 :</u>

Une masse d'air m=0.5kg considéré comme gaz parfait dont γ=1.4, prise à t_1=17°C et à P_1=1bar, subit les transformations thermodynamiques suivantes :

1-2 : Compression adiabatique jusqu'à P_2=7 bars ;

2-3 : Echauffement isobare durant lequel, elle reçoit 70 Kcal ;

3-4 : Détente isotherme jusqu'à P_4=3.75bars ;

4-1 : Refroidissement isochore jusqu'à l'état initial.

1°) Représenter le cycle thermodynamique en coordonnées P-V

2°) Déterminer l'ensemble des points figuratifs (P, V, T) du cycle.

3°) Déterminer littéralement puis numériquement les travaux et les quantités de chaleur échangées durant les transformations ainsi que le travail total.

4°) Vérifier l'équation du 1er principe pour le cycle.

<u>Réponses :</u>

1°) Cycle thermodynamique

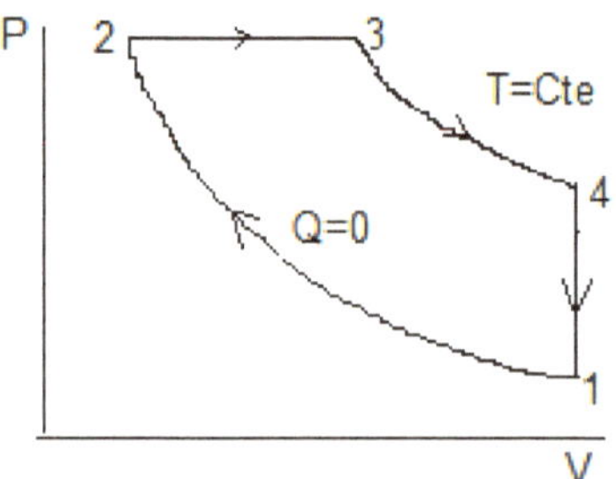

2°) Points figuratifs du cycle

Points	Pression (bar)	Température (K)	Volume (M^3)
1	1	290	0.416
2	7	505.64	0.1036
3	3.75	1589	0.223
4	1	1089	0.416

3°) Q_{1-2}=0 ; $W_{1-2}=U_{1-2}=mC_V(T_2-T_1)=(mr/\gamma-1)(T_2-T_1)$=77.36 kJ

$U_{2-3}=mC_V(T_3-T_2)=(mr/\gamma-1)(T_3-T_2)$=209.17 kJ

$W_{2-3}=-P_2(V_3-V_2)$=-83.58 kJ

$Q_{2-3}= U_{2-3}- W_{2-3}=292.75$ kJ

L'apport de chaleur est de $Q_{2-3}=70$ Kcal, soit 293 Kcal

$U_{3-4}=0$

$Q_{3-4}= -W_{3-4}=mrT_3 \ln(V_4/V_3)=97.43$ kJ

$W_{3-4}=-97.43$ kJ

$W_{4-1}=0$; $U_{4-1}= Q_{4-1}=mC_V (T_1-T_4)=(mr/ \gamma-1) (T_1-T_4)=-286.64$ kJ ; $W_{cycle}=-103.65$ Kj

4°) Vérification du 1er principe

$$\Delta U_{cycle} = W_{1-2} + Q_{1-2} + W_{2-3} + Q_{2-3} + W_{3-4} + Q_{3-4} + W_{4-1} + Q_{4-1}$$

$$\Delta U_{cycle} = 77.36 + 0 - 83.58 + 292.75 - 97.43 + 97.43 + 0 - 286.64 = 0$$

Chapitre III : LA FONCTION ENTHALPIE

I. DEFINITION

Considérons une transformation statique infiniment petite dont la variation d'énergie cinétique est donc nulle $dEc = 0$ d'un gaz. A l'énergie potentielle de pression PV, correspond une quantité élémentaire :

$$d(PV) = PdV + VdP \qquad (III.1)$$

Le travail élémentaire correspondant est :

$$dW = -PdV \qquad (III.2)$$

Par substitution de (54) dans (55) on obtient :

$$dW = -d(PV) + VdP \qquad (III.3)$$

D'après le 1er principe de la thermodynamique on écrira :

$$dU = dQ - d(PV) + VdP$$
$$dQ = d(U + PV) - VdP \qquad (III.4)$$

On désignera par H le terme $(U + PV)$ que l'on appellera fonction enthalpie. Il représentera la chaleur totale d'un gaz (énergie interne+énergie potentielle de pression PV). Comme U et H sont des fonctions d'état, U et PV prennent des valeurs déterminées pour chaque état du gaz ; donc H ne dépend que de l'état initial et final du gaz.

II. 2EME LOI DE JOULE

$$H = (U + PV) \qquad (III.5)$$
$$dH = d(U + PV) = dU + d(PV)$$
$$dH = C_V dT + d(RT)$$
$$dH = (C_V + R)dT) = C_P dT$$
$$dH = C_P dT \qquad (III.6)$$

L'enthalpie est une différentielle totale :

$$H = H(P, T)$$
$$dH = \left(\frac{\partial H}{\partial P}\right)_T dP + \left(\frac{\partial H}{\partial T}\right)_P dT \qquad (III.7)$$

Par identification, on obtient :

$$\left(\frac{\partial H}{\partial T}\right)_P = C_P \qquad\qquad (\text{III}.8)$$

$$\left(\frac{\partial H}{\partial P}\right)_T = \mathbf{0} \qquad\qquad (\text{III.9})$$

L'enthalpie d'un gaz parfait ne dépend pas de la pression ; de même que l'énergie interne, **l'enthalpie du gaz parfait dépend uniquement de la température** $\ H = H(T)$**.**

L'enthalpie est la forme fondamentale par laquelle les ingénieurs expriment le 1er principe de la thermodynamique. L'enthalpie massique des corps usuels utilisés dans les machines thermiques a été calculée (tables de Koch) ou mesurée et les diagrammes de Mollier (H, P) et (H, S) permettent d'en calculer les variations.

L'enthalpie est nulle au zéro absolu : $T = 0\ K\ \ ;\ \ H = 0$

III.   SYSTEMES OUVERTS

Un système **ouvert** échange de la matière avec le milieu extérieur. L'écoulement d'un fluide permet la convection. Dans le cas général, il faut prendre en compte la variation des énergies cinétique et potentielle du fluide au cours de son déplacement.

III.1 Fluide en écoulement dans une conduite quelconque

Dans le cas général, il faut prendre en compte la machine (pompe, ventilateur ou compresseur) apportant l'énergie nécessaire au déplacement du fluide, le travail est apporté par la machine au fluide, il est donc positif. Si la machine soutire de l'´energie du déplacement du fluide (moteur, turbine), le travail est négatif. Les énergies cinétique et potentielle ne sont plus négligées : l'´energie cinétique est importante pour un jet moteur ; pour une pompe, l'´energie potentielle est importante pour élever un liquide du puisage jusqu'au réservoir. Dans le cas d'une turbine, l'altitude de la retenue d'eau donne l'´energie réservoir (énergie potentielle) utile.

Le premier principe est écrit sous la forme générale :

$$\Delta U + \Delta Ep + \Delta Ec = W + Q \qquad\qquad (\text{III}.10)$$

Le rôle de la machine est de transférer le liquide de X_1 à X_2 en le faisant passer de l'état (P_1, V_1) à l'état (P_2, V_2). L'énergie nécessaire à ce transfert, appelée **travail de transvasement**, est donc :

$$\Delta(PV) = (P_2 V_2 - P_1 V_1) \tag{III.11}$$

Le travail échangé s'écrit en grandeurs :

$$dW = -PdV = -d(PV) + VdP \tag{III.12}$$

En remplaçant dans la formulation en variations élémentaires du premier principe, il vient :

$$VdP + dQ = d(U + PV) + dEc + dEp \tag{III.13}$$

Cette écriture permet de définir le travail échangé avec les parties mobiles de la machine ou travail technique (Fig. III.1) :

$$dW' = VdP \tag{III.14}$$

Le premier principe de la thermodynamique devient alors en écriture enthalpique :

$$dW' + dQ = d(H) + dEc + dEp \tag{III.15}$$

Ce qui s'écrit entre deux états 1 et 2 :

$$H_2 + \frac{1}{2}mC_2{}^2 + mgz_2 = H_1 + \frac{1}{2}mC_1{}^2 + mgz_1 + dW' + Q \tag{III.16}$$

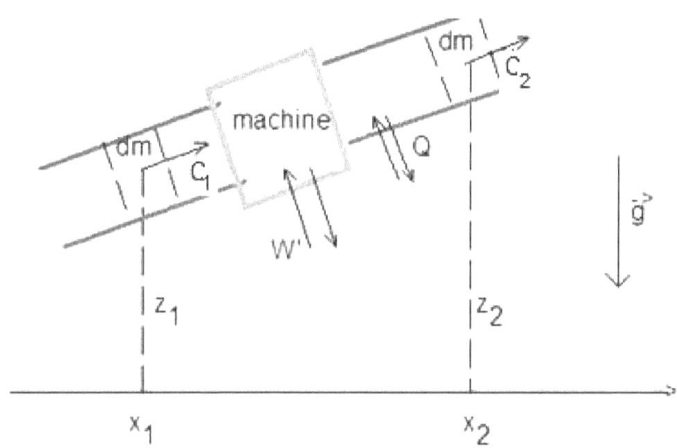

Figure III.1 : Ecoulement d'un fluide dans une conduite

III.2 Tuyère isolée $Q_{12} = 0$

$$z_1 = z_2$$

$$H_2 + \frac{1}{2}C_2{}^2 = H_1 + \frac{1}{2}C_1{}^2 \tag{III.17}$$

L'enthalpie totale se conserve lors d'un écoulement monodimensionnel, non pesant et adiabatique.

III.3 Détente dans une turbine

Une turbine est le siège d'une détente adiabatique produisant du travail à la sortie de son arbre.

$$W_T + H_2 + \frac{1}{2}C_2{}^2 = H_1 + \frac{1}{2}C_1{}^2 \tag{III.18}$$

D'où :

$$W_T = (H_1 - H_2) + \frac{1}{2}(C_1{}^2 - C_2{}^2) \tag{III.19}$$

III.4 Détente de Joule-Thomson ou Joule-Kelvin

La **détente de Joule-Thomson** est une détente lente d'un gaz dans une conduite. On force le gaz à s'´ecouler lentement le long d'un tuyau qui est obstrué en son milieu par un obstacle (bouchon poreux, verre fritté, coton, robinet à pointeau.. .). Les parois de la conduite sont rigides et adiabatiques. La pression P_1 en amont du tampon (Fig. III.2) est plus forte que la pression P_2 en aval, à cause des forces de frottement qui ralentissent l'´ecoulement. On fait l'hypothèse que l'´ecoulement est suffisamment lent pour que les pressions P_1 et P_2 ($<P_1$) et les températures T_1 et T_2 soient uniformes de part et d'autre du bouchon. On suppose également que l'´ecoulement est stationnaire.

Faisons le bilan énergétique de la détente de Joule-Thomson, en appliquant le premier principe. Celui-ci ne s'appliquant que pour des systèmes fermés, on choisit une surface de contrôle, délimitant le système, qui accompagne la matière lors de son déplacement dans le tuyau. On a ainsi :

– La variation d'´energie interne s'´ecrit :

$$\Delta U = U_2 - U_1$$

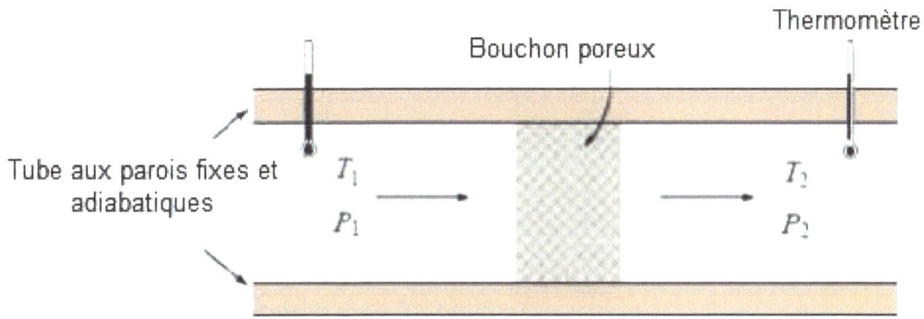

Figure III.2 : détente Joule-Thomson

Les forces de pression exercent un travail de poussée sur le système W_P. Celles en aval exercent un travail de détenteW_d. Le travail résultant est le travail de transvasement W_t :

$$W_t = (P_1V_1 - P_2V_2) \tag{III.20}$$

Le tuyau étant calorifugé, $\Delta Q = 0$

D'où :

$$\Delta U = U_2 - U_1 = (P_1V_1 - P_2V_2) \tag{III.21}$$
$$U_2 + P_2V_2 = U_1 + P_1V_1$$
$$\boldsymbol{H_1 = H_2} \tag{III.22}$$

La détente de Joule-Thomson est une détente adiabatique, irréversible (présence de frottements) et isenthalpique (enthalpie constante). Elle est à la base de nombreuses applications comme les détendeurs des bouteilles de gaz ou les détendeurs des réfrigérateurs et climatiseurs.

On dira d'un fluide qu'il suit la deuxième loi de Joule lorsqu'*il ne subit aucune variation de température lors d'une détente de Joule-Thomson*. Un gaz est dit parfait s'il obéit à la première loi de Joule (U ne dépend que de T) et à la seconde loi de Joule (H ne dépend que de T).

III.5 Travail de transvasement en compression

La puissance nécessaire pour faire marcher un compresseur est celle qu'il consomme. Un compresseur doit en plus du travail à fournir assurer la circulation d'un gaz. D'où le travail de transvasement doit être supérieur au travail de compression. Un compresseur aspire un gaz à P_1, le comprime de P_1 à P_2 et le refoule à P_2. Le travail de transvasement résultant est :

$$W_t = -P_1V_1 + W_K + P_2V_2 \qquad (III.23)$$

$$W_t = -\int_1^2 PdV + \int_1^2 d(PV)$$

$$W_t = -\int_1^2 PdV + \int_1^2 PdV + \int_1^2 VdP$$

$$W_t = \int_1^2 VdP$$

<u>Compression isotherme</u> :

$PV = Cte$, fluide parfait

$$W_t = \int_1^2 VdP = W_K = -\int_1^2 PdV \qquad (III.24)$$

<u>Compression adiabatique</u> :

$PV^\gamma = Cte$, fluide parfait

$$V^\gamma dP + P\gamma V^{\gamma-1}dV = 0$$

$$VdP + P\gamma dV = 0$$

$$\int VdP + \gamma \int P\,dV = 0$$

$$\int VdP = -\gamma \int P\,dV$$

$$W_t = \gamma W_K \qquad (III.25)$$

Ecoulement adiabatique, fluide parfait :

$$\delta Q = 0$$

$$dU = \delta W$$

$$H = U + PV$$

$$U = H - PV$$

$$dU = d(H - PV)$$

$$\delta W = dH - PdV - VdP$$

$$dH = VdP$$

$$H_2 - H_1 = \int_1^2 VdP \qquad (III.26)$$

Le travail de transvasement est égal à la variation d'enthalpie quelque soit la nature de l'écoulement (réversible ou irréversible).

IV.   EXERCICES

<u>Exercice III.1 :</u>

De la vapeur se détend dans une tuyère de turbine (adiabatique), tel que h_1=796kcal/kg ; C_1=0m/s ; h_2=748kcal/kg. Déterminer la vitesse de la vapeur C_2 à la sortie de la tuyère ?

<u>Solution :</u>

Détente adiabatique au niveau de la tuyère isolée

$$h_2 + \frac{1}{2}C_2^2 = h_1 + \frac{1}{2}C_1^2$$

$$C_2 = \sqrt{2*(h_1 - h_2)} = \sqrt{2*(796 - 748)*4186} = 632\text{m/s}$$

<u>Exercice III.2 :</u>

Un gaz se détend dans les aubages d'une turbine. L'enthalpie massique initiale de l'air est de 207 kcal/kg et la vitesse initiale de 70 m/s. L'enthalpie massique finale est de 79.4 kcal/kg et la vitesse finale de 100 m/s. Le débit massique est de 10 kg/s. En supposant le processus adiabatique, calculer la puissance développée par la turbine.

<u>Solution :</u>

Le travail de détente de la turbine est

$$W_T = (H_1 - H_2) + \frac{1}{2}(C_1^2 - C_2^2)$$

$$W_T = (207 - 79.4)*4186 \ + 0.5(70^2 - 100^2)$$
$$= \ 534133.6 + 0.5(4900 - 10000) = 534133.6 - 2550$$
$$= 531583.6 \, J = 531.58 \, kJ$$

La puissance développée par la turbine est : $P = \dot{m} \, W_T$

$$P = 10 * 531.583 = 5315.836 \, kW = 5.3 MW$$

<u>Exercice III.3 :</u>

Un compresseur aspire 1kg d'air à 1bar absolu et à 15°C ; la compression s'effectue jusqu'à 6 bars. Calculer le travail de compression, le travail de transvasement et la quantité de chaleur dégagée.

<u>Solution</u>

-   Compression isotherme

$$W_K = -\int_1^2 P\,dV = -mrT\ln\frac{P_1}{P_2}$$

$$W_K = -1 * 287 * 288\,ln\frac{1}{6} = 148\ kJ$$

En vertu du 1er principe $\Delta U = \delta W + \delta Q$

$$\Delta T = 0\ ;\ \Delta U = 0$$

La quantité de chaleur évacuée est : $Q_{1-2} = -W_K = -148\ kJ$

- Compression adiabatique

Dans ce cas :

$$\frac{T_2}{T_1} = (\frac{P_2}{P_1})^{\frac{\gamma-1}{\gamma}}$$

$$T_2 = T_1(\frac{P_2}{P_1})^{\frac{\gamma-1}{\gamma}} = 288 * 6^{0.2857} = 480.52\ K$$

Expression du travail de compression

$$Q_{1-2} = 0$$

En vertu du 1er principe

$$\Delta = W_K = mC_V(T_2 - T_1) = \frac{mr}{\gamma - 1}(T_2 - T_1)$$

$$W_K = \frac{287}{0.4}(480.52 - 288) = 138\ kJ$$

Expression du travail de transvasement

$$W_t = \gamma W_K$$

$$W_t = 1.4 * 138 = 193\ kJ$$

La variation d'enthalpie est :

$$\Delta H = Q_{1-2} = mC_P(T_2 - T_1) = \frac{mr\gamma}{\gamma - 1}(T_2 - T_1)$$

$$\Delta H = 287 * 1.4/0.4(480.52 - 288)$$

$$\Delta H = W_t = 193$$

Chapitre IV : LE DEUXIEME PRINCIPE DE LA THERMODYNAMIQUE

I. INTRODUCTION

L'un des buts de la thermodynamique est de prédire le sens de l'évolution d'un système physique lorsque certaines contraintes internes sont levées. Le premier principe est un principe de conservation; à lui seul il est impuissant à prédire dans quel sens se produit l'évolution du système étudié. En effet, si une transformation A $\rightarrow$ B existe pour un système isolé donné, le premier principe stipule que $U_B - U_A = 0$ et donc le premier principe autorise également la transformation B $\rightarrow$ A. Or l'expérience quotidienne nous montre que, en thermodynamique, si une transformation A $\rightarrow$ B est possible, la transformation inverse   B $\rightarrow$ A est, en règle générale, interdite. Seules les transformations réversibles, qui sont des cas limites idéaux, échappent à cette règle générale.

II. CYCLES, SOURCES DE CHALEUR, RENDEMENT THERMIQUE

II.1 Moteur thermique

Dans un moteur thermique quelconque, la transformation de la chaleur en travail s'effectue par l'intermédiaire d'un fluide moteur (vapeur d'eau, carburant…). Celui-ci reçoit de la chaleur de l'extérieur et produit du travail utile pendant la détente. Pour assurer la reproduction continue du travail moteur, il est indispensable de retourner le fluide à son état initial, donc de réaliser une série de transformations thermodynamiques, soit un cycle.

II.2 Sources de chaleur

Pour obtenir du travail, il est nécessaire d'avoir au minimum deux sources de chaleur : une source chaude à la température T_1 et une source froide à la température T_2. Donc le fonctionnement d'un moteur thermique s'effectue entre 02 sources de chaleur.

Une machine thermique ditherme échange une quantité de chaleur Q_1 avec la source chaude, une quantité de chaleur Q_2 avec la source froide et un travail W avec le milieu extérieur (Fig. IV.1).

Convention de signe :

$Q_1 > 0$ Chaleur reçue par le système

$Q_2 < 0$ Chaleur dégagée par le système

$W < 0$ Travail fourni par le système

$W > 0$ Travail reçu par le système

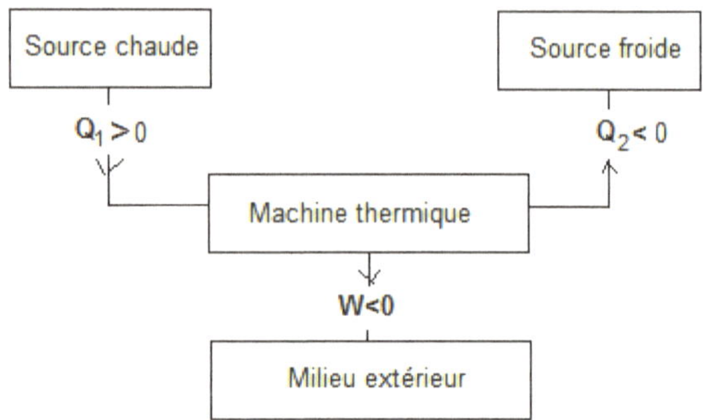

Figure IV.1 : Fonctionnement d'une machine thermique

D'après le 1er Principe de la thermodynamique $dU = \delta Q + \delta W$

U est une fonction d'état $\oint dU = 0 \rightarrow$ pour un cycle

$$\oint \delta Q = - \oint \delta W \tag{IV.1}$$

Donc la quantité de chaleur totale est :

$$Q_{cycle} = - W_{cycle} \tag{IV.2}$$

$$Q_{cycle} = (Q_1 + Q_2) \tag{IV.3}$$

Or $Q_1 > 0$ et $Q_2 < 0$ donc $|Q_1| > |Q_2| \rightarrow Q_1 + Q_2 > 0$

Comme $Q_1 + Q_2 = - W_{cycle} \rightarrow \boldsymbol{W_{cycle}} < 0$

II.3 Rendement thermique d'un cycle

Le rendement thermique d'un cycle caractérise le degré de perfection du cycle, il est défini par :

$$\eta = \frac{Travail\ produit}{Energie\ dépensée} = \frac{|W_{cycle}|}{Q_1} \tag{IV.4}$$

$$\eta = \frac{-W_{cycle}}{Q_1} = \frac{-(-(Q_1+Q_2))}{Q_1} \tag{IV.5}$$

$$\eta = \frac{Q_1+Q_2}{Q_1} = 1 + \frac{Q_2}{Q_1} \tag{IV.6}$$

tel que : $Q_1 > 0$ et $Q_2 < 0$

III. ENONCES DU SECOND PRINCIPE DE LA THERMODYNAMIQUE

Ainsi le 1er principe de la thermodynamique met en évidence des correspondances **quantitatives** (bilan ou conservation de l'énergie) valables pour les transformations d'énergie. Quand au 2ème principe, il caractérise ces transformations **qualitativement** (sens de l'évolution).

Le 1er principe fournit tout le nécessaire pour établir le bilan énergétique d'une transformation. Cependant, il ne donne aucune indication quant à la possibilité de réalisation de cette transformation.

Tout comme le 1er principe, le 2ème principe est énoncé à la base de l'expérience. Sous sa forme la plus générale, le 2ème principe de la thermodynamique peut être énoncé comme suit : **toute transformation réelle spontanée est une transformation irréversible.**

Enoncé de Clausius :

« On ne peut sans dépenser de travail, faire passer de la chaleur d'un corps froid sur un corps chaud ».

Enoncé de William Thomson Lord Kelvin:

« On ne peut à l'aide d'un agent matériel inanimé, obtenir, d'une masse quelconque de substance, un travail mécanique par refroidissement de cette masse au dessous de la température du corps extérieur plus froid ».

Enoncé de Planck:

« Il est impossible de concevoir une machine décrivant un cycle et qui n'aurait d'autre effet que de produire du travail et d'échanger de la chaleur avec un seul réservoir thermique ».

Autres énoncés :

« Le mouvement perpétuel de seconde espèce est impossible ».

« Tout système est caractérisé par une fonction d'état S appelée entropie. Cette fonction entropie ne peut qu'augmenter pour un système isolé et fermé ».

IV. CYCLE DE CARNOT. THEOREME DE CARNOT

IV.1 Cycle de Carnot

Le cycle de Carnot est réalisé par un fluide moteur entre deux sources de chaleur : une source chaude et une source froide. Il est constitué de deux transformations isothermes réversibles ($AB\ et\ CD$) de deux transformations adiabatiques réversibles $(BC\ et\ DA)$(Fig. IV.2). Il a une importance toute particulière pour la thermodynamique. C'est un processus cyclique réversible.

On considère un gaz parfait enfermé dans un cylindre obturé par un piston. Les parois du cylindre sont isolantes. Son fond parfaitement conducteur est placé à l'origine en contact avec une source de chaleur à la température T_A. Les conditions initiales sont :   Point A (P_A, V_A, T_A): On tire sur le piston, le gaz se détend de manière isotherme de V_A à V_B(point B). La quantité de chaleur $Q_{AB} = Q_1$ est équivalente au travail effectué, elle passe de la source chaude vers le gaz.

La pression P_B se déduit de la relation :

$$P_B V_B = P_A V_A = nRT_A = PV = Cte$$

L'expression du travail est :

$$W_{AB} = \ Q_1 \tag{IV.7}$$

$$W_{AB} = -\int_A^B PdV = -\int_A^B PV\frac{dV}{V} = -nRT_A \ln\frac{V_B}{V_A} \tag{IV.8}$$

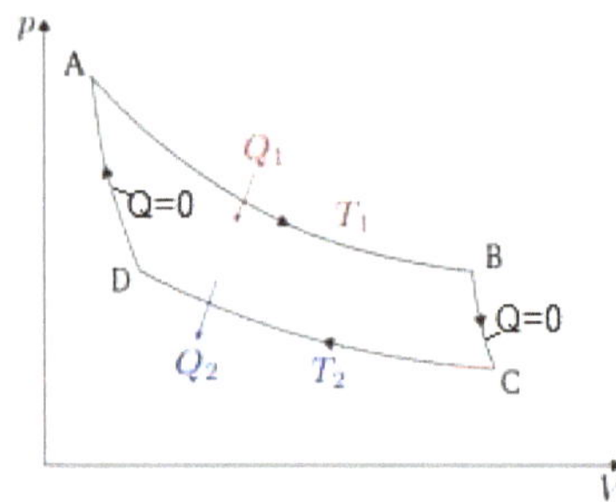

Figure IV.2 : Cycle de Carnot

Au point B, le cylindre est isolé, on poursuit la détente. Le volume du gaz croit de V_B à V_C de manière adiabatique. La pression P_C et le volume V_C se déduisent de la relation de Laplace, respectivement par :

$$T_B V_B^{\gamma-1} = T_C V_C^{\gamma-1}$$
$$P_B V_B^{\gamma} = P_C V_C^{\gamma}$$

La variation d'énergie interne est :

$$\Delta U_{BC} = nC_V (T_C - T_B) \tag{IV.9}$$

Le travail est :

$$W_{BC} = \Delta U_{BC} \tag{IV.10}$$

Au point C, le cylindre est placé en contact avec la source froide à la température T_C . On repousse le piston, le gaz se comprime de manière isotherme, le volume diminue V_C à V_D. Une quantité de chaleur $Q_{CD} = Q_2$ est cédée à la source froide .

L'expression du travail est :

$$W_{CD} = Q_2 \qquad (IV.11)$$

$$W_{CD} = -\int_C^D \frac{dV}{V} = -nRT_C \ln\frac{V_D}{V_C} \qquad (IV.12)$$

Au point D, on poursuit la compression en isolant thermiquement le cylindre. Cette compression adiabatique ramène le système à son état initial. La variation d'énergie interne est :

$$\Delta U_{DA} = nC_V (T_D - T_A) \qquad (IV.13)$$

Le travail est :

$$W_{DA} = \Delta U_{DA} \qquad (IV.14)$$

Le bilan énergétique du cycle est le suivant :

$$\Delta U = \Delta U_{BC} + \Delta U_{DA} = 0 \qquad (IV.15)$$
$$W_{Cycle} = W_{AB} + W_{BC} + W_{CD} + W_{DA} \qquad (IV.16)$$

A l'aide des équations (IV.8) (IV.10) (IV.12) et (IV.14), l'expression du travail du cycle est :

$$W_{Cycle} = -nRT_A \ln\frac{V_B}{V_A} + \Delta U_{BC} - nRT_C \ln\frac{V_D}{V_C} + \Delta U_{DA} \qquad (IV.17)$$

$$W_{Cycle} = -nRT_A \ln\frac{V_B}{V_A} - nRT_C \ln\frac{V_D}{V_C} + (\Delta U_{BC} + \Delta U_{DA})$$

D'après (IV.15)

$$W_{Cycle} = -\left(nRT_A \ln\frac{V_B}{V_A} + nRT_C \ln\frac{V_D}{V_C}\right) \qquad (IV.18)$$

Du rapport des relations de Laplace établies pour les évolutions adiabatiques BC et DA, sachant que AB et CD sont isothermes $(T_A = T_B \; et \; T_C = T_D$) on obtient :

$$T_B V_B^{\gamma-1} = T_C V_C^{\gamma-1}$$
$$T_A V_A^{\gamma-1} = T_D V_D^{\gamma-1}$$

Finalement :

$$\frac{V_B}{V_A} = \frac{V_C}{V_D} \qquad (IV.19)$$

L'expression du travail se ramène à :

$$W_{Cycle} = -\left(nRT_A \ln\frac{V_B}{V_A} + nRT_C \ln\frac{V_D}{V_C}\right) = -nRT_A \ln\frac{V_B}{V_A} + nRT_C \ln\frac{V_C}{V_D}$$

$$W_{Cycle} = nR(T_C - T_A)\ln\frac{V_B}{V_A} \qquad (IV.20)$$

Le rendement du cycle de Carnot est :

$$\eta = \frac{-W_{cycle}}{Q_1} = \frac{nR(T_A - T_C)\ln\frac{V_B}{V_A}}{nRT_A \ln\frac{V_B}{V_A}} = \frac{(T_A - T_C)}{T_A}$$

$$\eta = 1 - \frac{T_C}{T_A} \qquad (IV.21)$$

IV.2 Théorème de Carnot

Quels que soient la machine thermique et le fluide moteur utilisés, le rendement d'une machine thermique parcourant un cycle de Carnot ne dépend que des températures des sources de chaleur chaude et froide.

V. REVERSIBILITE DU CYCLE DE CARNOT

Il en résulte de la définition du rendement $(IV.6)$ et $(IV.21)$ que pour tout Carnot réversible :

$$\eta = 1 + \frac{Q_2}{Q_1} = 1 - \frac{T_2}{T_1} \qquad (IV.22)$$

$$\frac{Q_2}{Q_1} = -\frac{T_2}{T_1} \qquad (IV.23)$$

V.1 Machine frigorifique

<u>Principe :</u>

On extrait de la chaleur d'une source froide $Q_2 > 0$ que l'on transfert après compression adiabatique à la source chaude $Q_1 < 0$ (Fig. IV.3).

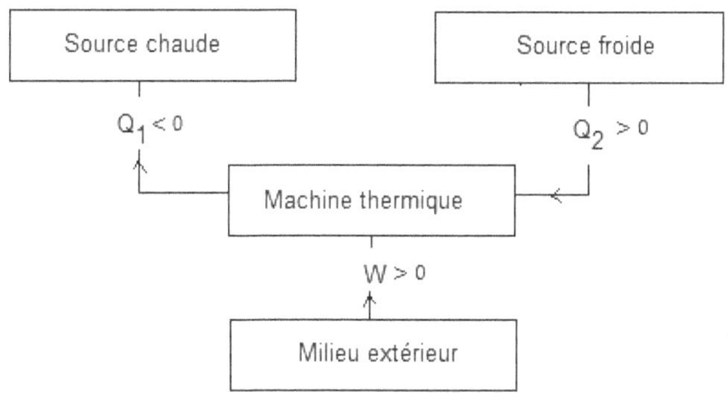

Figure IV.3 : principe de fonctionnement d'une machine frigorifique

Une machine frigorifique est caractérisée par son efficacité ou Coefficient de Performance frigorifique défini par :

$$\varepsilon_F = \frac{Chaleur\ extraite}{Travail\ requis} = \frac{Q_2}{W_{cycle}} \tag{IV.24}$$

$$Q_2 > 0 \quad et \quad W > 0$$

$$\varepsilon_F = \frac{Q_2}{-(Q_1+Q_2)} = -\frac{1}{\frac{Q_1}{Q_2}+1} \tag{IV.25}$$

Selon (IV.23), la machine est réversible :

$$\varepsilon_F = -\frac{1}{1-\frac{T_1}{T_2}} = \frac{T_2}{T_1-T_2} \tag{IV.26}$$

Le coefficient d'efficacité frigorifique ne dépend que des températures, il ne dépend pas de la nature du fluide. Il peut être inférieur ou supérieur à 1.

V.2 Pompe à chaleur

En utilisant la même machine, mais en se fixant pour but de réchauffer une autre enceinte (créer un moyen de chauffage). On pompe des calories à la source froide qui les transmet à la source chaude.

Une pompe à chaleur permet de relever la chaleur d'un bas niveau de température à un niveau de température plus élevé. Les pompes à chaleur utilisent des fluides frigorigènes (fréons, ammoniac…). Les pressions de condensation et de vaporisation sont plus élevées que celles des installations frigorifiques.

Une telle machine est caractérisée par un coefficient appelé coefficient d'effet calorifique défini par :

$$\varepsilon_C = \frac{Chaleur\ rejet\acute{e}e}{Tavail\ requis} = \frac{|Q_1|}{W_{cycle}} \qquad\qquad (IV.27)$$

$$\varepsilon_C = \frac{Q_1}{Q_1+Q_2} = \frac{1}{1+\frac{Q_1}{Q_2}} \qquad\qquad (IV.28)$$

Selon (IV.23), la machine est réversible :

$$\varepsilon_C = \frac{1}{1-\frac{T_1}{T_2}} = \frac{T_1}{T_1-T_2} \qquad\qquad (IV.29)$$

Le coefficient de performance des pompes à chaleur est d'autant plus grand que les températures des deux sources sont proches.

Relation entre les coefficients de performance d'une machine frigorifique et d'une pompe à chaleur :

En comparant les expressions (IV.25) et   (IV.28) on obtient :

$$\boldsymbol{\varepsilon_F = 1 + \varepsilon_C} \qquad\qquad (IV.30)$$

ε_C est supérieur à 1 dans tous les cas et peut atteindre des valeurs de 3 à 5 dans des conditions les plus favorables.

Une *pompe à chaleur* peut fonctionner uniquement dans un sens pour produire du froid (climatiseur froid seul) ou du chaud (pompe à chaleur solaire) ou bien dans les deux sens (pompe à chaleur réversible). Une pompe à chaleur réversible produira du frais en été et de la chaleur en hiver.

On distingue différentes catégories de pompes à chaleur:

La ***pompe à chaleur* air/air** : C'est une forme d'aérothermie car la chaleur est captée dans l'air extérieur et est transférée directement à l'air du local à chauffer ou refroidir. Cette application de pompe à chaleur se retrouve plus présente dans le résidentiel avec des pompes à chaleur multi-split, ou des systèmes pompe à chaleur avec unité intérieure plafonnière équipée d'un système de zoning comme le procédé d'AIRZONE. Avec la zoning ou zonification, les débits d'air étant variables et régulés pièce par pièce, bureaux par bureaux,

La ***pompe à chaleur* air/eau**, qui fonctionne également en mode "aérothermie". La chaleur est captée dans l'air extérieur et est transférée non pas via une directe mais via un circuit d'eau à eau chaude. Celui-ci alimentant en bitubes un circuit de radiateurs le plus souvent basse température, un réseau de plancher chauffant, une série de ventilo-convecteurs, voire d'aérothermes si l'application est plus industrielle.

La *pompe à chaleur* **sol/eau** (géothermie) et la pompe à chaleur eau/eau (aquathermie): La chaleur est prélevée dans le milieu naturel qu'est le sol (géothermie horizontale, ou géothermie verticale) ou l'eau de nappe, puis est transmise via une pompe à chaleur à un circuit d'eau de chauffage à eau chaude.

VI. EXERCICES

<u>Exercice IV.1 :</u>

Une masse de 1 kg d'air décrit un cycle de Carnot dans les conditions suivantes :
P_1=1bar; T_1=17°C; P_2 =3 bars, P_3=9 bars, γ=1.41; r=287J/kg.K
1°) Représenter le cycle de Carnot en coordonnées P-V et T-S
1°) Déterminer l'ensemble des points figuratifs de ce cycle (P, T, V)
2°) Evaluer les quantités de chaleur Q_I apportée au niveau de la source chaude et Q_{II} cédée au niveau de la source froide.
3°) Calculer le rendement thermodynamique de ce cycle de 02 manières.
<u>Solution :</u>
1°) Représentation sur diagrammes P-V et T-S

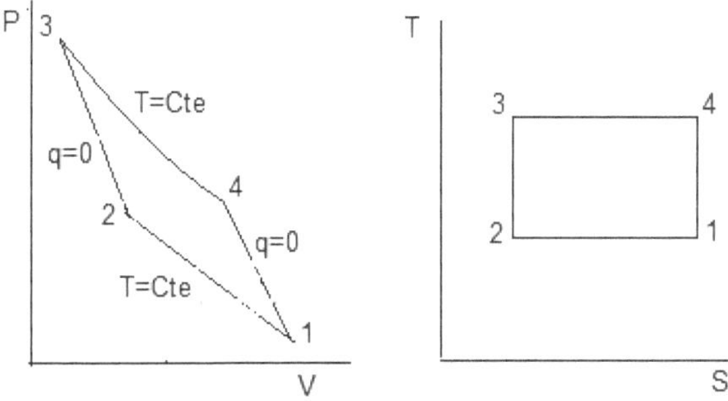

2°) Détermination de l'ensemble des paramètres des points figuratifs du cycle de Carnot

$$P_1 V_1 = mr T_1$$

$$V_1 = mr \frac{T_1}{P_1} = 287 * \frac{290}{10^5} = 0.83 \, m^3$$

Transformation isotherme 1-2 :

$$P_1 V_1 = P_2 V_2$$

$$V_2 = P_1 V_1 / P_2 = \frac{0.83}{3} = 0.2767 \; m^3$$

Transformation adiabatique 2-3 :

$$P_3 V_3^{\gamma} = P_2 V_2^{\gamma}$$

$$V_3 = V_2 \left(\frac{P_2}{P_3}\right)^{\frac{1}{\gamma}} = 0.2767 * 0.333^{0.714} = 0.1263 \; m^3$$

Relation de Maxwell :

$$\frac{T_3}{(P_3)^{\frac{\gamma-1}{\gamma}}} = \frac{T_2}{(P_2)^{\frac{\gamma-1}{\gamma}}}$$

$$\text{D'où} \quad T_3 = T_2 \left(\frac{P_3}{P_2}\right)^{\frac{\gamma-1}{\gamma}} = 290 * 3^{0.2857} = 397 \; K$$

Transformation isotherme 3-4 : $T_3 = T_4$

Transformation adiabatique 4-1 :

$$T_4 V_4^{\gamma-1} = T_1 V_1^{\gamma-1}$$

$$V_4 = V_1 (T_1/T_4)^{\gamma-1} = 0.83 * \left(\frac{290}{397}\right)^{2.5} = 0.3787 \;^3$$

De l'isotherme 3-4:

$$P_3 V_3 = P_4 V_4$$

$$P_4 = \frac{P_3 V_3}{V_4} = 9 * \frac{0.1263}{0.3787} = 3 \; bars$$

3°) Calcul des quantités de chaleur apportée au niveau de la source chaude Q_I et cédée au niveau de la source froide Q_{II}

D'après le 1er principe, $\Delta U = 0$ pour une transformation isotherme, soit $Q_I = -W_I$

Source chaude $Q_I = -W_I = mrT_3 \ln\frac{V_4}{V_3} = mrT_3 \ln\frac{P_3}{P_4}$

$$Q_I = -W_I = 287 * 397 \ln\frac{9}{3} = 125.174 \, kJ$$

Source froide $QI_I = -W_{II} = mrT_1 \ln\frac{V_2}{V_1} = mrT_1 \ln\frac{P_1}{P_2}$

$$Q_I = -W_I = 287 * 290 \ln\frac{1}{3} = -91.43 \, kJ$$

4°) Calcul du rendement du cycle de Carnot de 2 manières

$$\eta_C = 1 - \frac{T_{II}}{T_I} = 1 - \frac{290}{397} = 27\%$$

$$\eta_C = 1 + \frac{Q_{II}}{Q_I} = 1 + \frac{-91.43}{125.174} = 27\%$$

Exercice IV.2 :
La température du gaz sortant d'une source souterraine est de 180°C. Déterminer le rendement d'un moteur thermique imaginaire qui transformerait la chaleur de cette source chaude en travail utile. La température moyenne du milieu est de 20°C.
Solution :

$$\eta_C = 1 - \frac{T_{II}}{T_I}$$

$$\eta_C = 1 - \frac{293}{453} = 35.32\%$$

Exercice IV.3 :
Une chaudière produit 200.000 Kcal/h à une température de 300°C. Calculer la puissance d'un moteur thermique fonctionnant suivant le cycle de Carnot dont la source chaude est la chaudière et la source froide est l'eau d'une rivière à 20°C.

<u>Solution :</u>
Le rendement du moteur thermique est celui du cycle de Carnot fonctionnant entre les 2 sources de chaleur, chaude à 300°C et froide à 20°C, il est exprimé par :

$$\eta_C = 1 - \frac{T_{II}}{T_I} = 1 + \frac{Q_{II}}{Q_I}$$

$$\eta_C = 1 - \frac{293}{673} = 56.4\%$$

La quantité de chaleur extraite de la source froide par heure Q_{II} est déterminée par :

$$1 + \frac{Q_{II}}{Q_I} = 0.564; \ \ Q_I = 200000 \ kcal/h$$

$$Q_{II} = (0.564 - 1) * 200000 = -87200 \ kcal/h$$

La puissance du moteur thermique est :

$$P = Q_I + Q_{II} = 112800 \ kcal/h$$

$$P = 112800 * \frac{4.186}{3600} = 131.16 \ kW$$

<u>Exercice IV.4 :</u>
Une installation frigorifique possède une productivité de 2510 kJ/h (quantité de chaleur extraite en 1h) et assure la température de -10°C dans une chambre refroidie. La température du local dans lequel se trouve cette installation est de 20°C. Sachant que l'installation fonctionne suivant un cycle de Carnot inverse ; déterminer le coefficient de performance de celle-ci et la quantité de chaleur cédée à la source chaude. Calculer la puissance théorique d'entrainement de cette installation.
<u>Solution :</u>
Les températures des sources chaude et froide sont respectivement :

$$T_I = 293 \ K \ ; \ T_{II} = 263 \ K$$

<u>Calcul du coefficient de performance de l'installation frigorifique :</u>

Par définition
$$\varepsilon_F = \frac{Q_{II}}{W_{Cycle}} = \frac{Q_{II}}{-(Q_I + Q_{II})} = \frac{T_{II}}{T_I - T_{II}}$$

$$\varepsilon_F = \frac{263}{293 - 263} = 8.77$$

Quantité de chaleur cédée à la source chaude Q_I :

$$\varepsilon_F = \frac{Q_{II}}{-(Q_I + Q_{II})}$$

$$-(Q_I + Q_{II}) * \varepsilon_F = Q_{II}$$

D'où $Q_I = -\frac{(1+\varepsilon_f)Q_{II}}{\varepsilon_f} = -\frac{(1+8.77)2510}{8.77} = -2796.203 \; kJ/h$

Calcul de la puissance théorique d'entrainement de l'installation frigorifique :

$$P = -\frac{(-2796.203 + 2510)}{3600} = 0.0795 \; kW$$

Exercice IV.5 :

Une chambre de réfrigération fonctionne suivant un cycle ce Carnot indirect reçoit du milieu extérieur 12000 kcal/h par conduction à travers les parois. En supposant la température extérieure 20°C et celle de la chambre -15°C. Calculer la puissance frigorifique en kW qui maintiendrait la température constante dans la chambre ?

Réponses :

$\varepsilon_F = 7.37$

$Q_2 = -10567 \; kcal/h$;

$P = 1.67 \; kW$

Chapitre V : LA FONCTION ENTROPIE

I. DEFINITION DE L'ENTROPIE

I.1 Représentation de l'entropie

Tout cycle réversible peut être représenté par une infinité de cycles de Carnot élémentaires, chacun étant lié à sa source chaude dont il reçoit une quantité de chaleur ΔQ_I^1 et à sa source froide dont il cède une quantité de chaleur ΔQ_{II}^1. D'après l'équation (IV.23) on obtient :

$$\frac{Q_2}{T_2} + \frac{Q_1}{T_1} = 0 \qquad (V.1)$$

On écrira pour chaque cycle élémentaire :

$$\frac{\Delta Q_I^1}{T_I^1} + \frac{\Delta Q_{II}^1}{T_{II}^1} = 0 \qquad (V.2)$$

$$\frac{\Delta Q_I^2}{T_I^2} + \frac{\Delta Q_{II}^2}{T_{II}^2} = 0$$

$$\frac{\Delta Q_I^n}{T_I^n} + \frac{\Delta Q_{II}^n}{T_{II}^n} = 0$$

En additionnant membre à membre ces relations, on obtient :

$$\sum_1^n \frac{\Delta Q_I^i}{T_I^i} + \sum_1^n \frac{\Delta Q_{II}^i}{T_{II}^i} = 0 \qquad (V.3)$$

Par analogie avec l'équation (V.2) : $\qquad \sum_1^n \frac{\Delta Q}{T} = 0 \qquad (V.4)$

A la limite, si on considère des cycles infiniment petits, on peut écrire :

$$\lim_{n} \infty \sum \frac{\Delta Q}{T} = \oint \frac{dQ}{T} \qquad (V.5)$$

Conformément à (4) : $\qquad \oint \frac{dQ}{T} = 0 \qquad (V.6)$

Cette intégrale porte le nom d'intégrale de Clausius. Elle est nulle pour tout cycle réversible.

Désignons l'intégrande par dS, d'où :

$$dS = \frac{dQ}{T} \qquad (V.7)$$

L'équation $(V.6)$ devient :

$$\oint dS = 0 \qquad (V.8)$$

Il est clair que cette intégrale prise sur un chemin quelconque entre 2 états arbitraires (A) et (B), est indépendante du chemin suivant lequel s'effectue la transformation :

$$\int_A^B dS = S_B - S_A \qquad (V.9)$$

Ainsi la fonction S est tout comme H et U, une fonction d'état et sa valeur est déterminée univoquement par les paramètres d'état. Cette fonction introduite par Clausius porte le nom d'entropie. Il en découle de l'équation $(V.7)$ qu'elle a la dimension d'une unité de chaleur divisée par une unité de température : $[J/K \ ou \ kJ/K]$ ou bien $[cal/K \ ou \ kcal/K]$. L'entropie spécifique a la dimension d'une chaleur spécifique.

Comme $T > 0$, si un corps reçoit de la chaleur $dQ > 0$, son entropie croit.

S'il en fournit de la chaleur, dans ce cas $dQ < 0$, son entropie diminue.

I.2 Sens physique de l'entropie

L'entropie est une mesure du désordre moléculaire d'un système. En passant de l'état solide à l'état liquide, puis de l'état liquide à l'état gazeux, l'entropie d'une substance ne cesse de croître. A l'état solide, les atomes de la substance s'agitent autour de leur position d'équilibre établie par le réseau atomique. A l'état liquide, les atomes, n'étant plus retenus en place par les forces de liaisons atomiques, glissent les uns sur les autres. A l'état gazeux, ils deviennent libres et se meuvent dans toutes les directions.

II. CYCLE DE CARNOT DIRECT EN COORDONNEES T.S

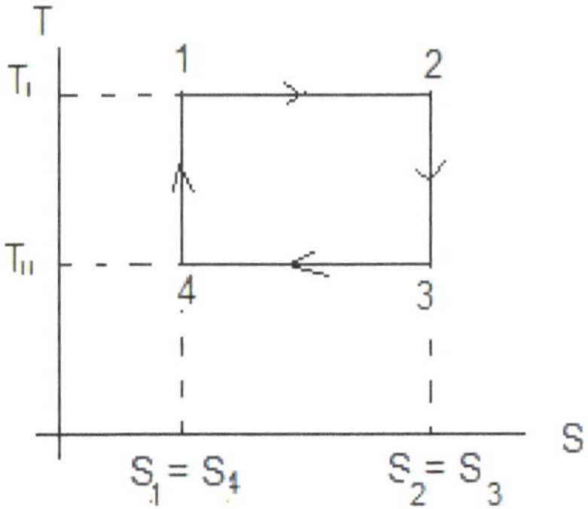

Figure V.1 : Cycle de Carnot (T, S)

Il est composé de deux transformations adiabatiques (2-3 et 4-1) et de deux transformations isothermes (1-2 et 3-4) (Fig. V.1).

La quantité de chaleur fournie à la source chaude est :

$$Q_I = T_I(S_2 - S_1) > 0 \tag{V.10}$$

La quantité de chaleur cédée à la source froide est :

$$Q_{II} = T_{II}(S_4 - S_3) < 0 \tag{V.11}$$

II.1 Rendement du cycle de Carnot

Le rendement de ce cycle est par définition le rapport du travail du cycle W_{cycle} sur l'énergie dépensée (chaleur apportée Q_I) :

$$\eta = \frac{|W|}{Q} \tag{V.12}$$

D'après le 1er principe : $\sum Q_i = -W_{cycle}$

$$-W_{cycle} = (Q_I + Q_{II}) \tag{V.13}$$

$$\eta = \frac{Q_I + Q_{II}}{Q_I} = 1 + \frac{Q_{II}}{Q_I} \tag{V.14}$$

$$\eta = 1 + \frac{T_{II}(S_4 - S_3)}{T_I(S_2 - S_1)} = 1 - \frac{T_{II}}{T_I} \tag{V.15}$$

<u>Déduction</u> : plus la température de la source chaude est élevée, plus le rendement du cycle de Carnot est meilleur.

II.2 Rendement d'un cycle irréversible

<u>Proposition :</u> Le rendement de n'importe quel cycle réversible réalisé par un nombre de sources de chaleur supérieur à 2 est inférieur au rendement d'un cycle de Carnot réalisé entre les 2 températures limites données.

$$\eta_{IRV} < \eta_{REV} \qquad (V.16)$$

III. VARIATIONS D'ENTROPIE DANS LES CYCLES IRREVERSIBLES

On considère un système isolé thermiquement : $dQ = 0;\ dS = 0;\ dU = 0$ Le corps C_1 à la température $T_1 > T_2$ cède une quantité de chaleur dQ au corps C_2, son entropie diminue d'une quantité $dS_1 = -\dfrac{dQ}{T_1}$. Le corps C_2 reçoit de la chaleur, son entropie augmente d'une quantité $S_2 = +\dfrac{dQ}{T_2}$. La variation d'entropie du système est :

$$dS_{sys} = dS_1 + dS_2 = dQ\left(\frac{1}{T_2} - \frac{1}{T_1}\right) \qquad (V.17)$$

Comme $T_2 < T_1$, donc :

$$dS_{sys} > 0 \qquad (V.18)$$

Pour une transformation irréversible, l'entropie d'un système isolé croit.

Dans le cas d'un échange réversible : $\quad T_1 - T_2 = dT$

$$dS_{sys} = dQ\left(\frac{1}{T_1 - dT} - \frac{1}{T_1}\right) \approx 0 \qquad (V.19)$$

$$dS_{sys} = 0 \qquad (V.20)$$

Déduction : quelques soient les transformations que décrit un système, son entropie ne peut pas décroitre :

$$dS_{sys} \geq 0 \qquad (V.21)$$

$$dS_{sys} \geq \frac{dQ}{T} \qquad (V.22)$$

$$dS_{sys} \geq \frac{dU + pdV}{T} \qquad (V.23)$$

L'équation (V. 23) porte le nom d'équation générale de la thermodynamique, autrement :

$$\boldsymbol{TdS_{sys} \geq \ dU + pdV} \qquad (V.24)$$

IV.   INTEGRALE DE CLAUSIUS

D'après l'équation (V. 16) on écrira pour un cycle irréversible:

$$\frac{Q_I + Q_{II}}{Q_I} < \frac{T_1 - T_2}{T_1} \qquad (V.25)$$

$$\frac{Q_{II}}{T_{II}} + \frac{Q_I}{T_I} < 0 \qquad (V.26)$$

En considérant des cycles infiniment petits, on écrira :

$$\lim_{n \to \infty} \left(\Sigma \frac{\Delta Q}{T} \right)^n = \oint \frac{dQ}{T} \qquad (V.27)$$

D'après (V. 26):

$$\oint \frac{dQ}{T} < 0 \qquad (V.28)$$

V.   PRINCIPE ZERO ET 3ème PRINCIPE

En plus du **premier** et du **deuxième principe**, la thermodynamique postule encore deux autres principes, à savoir :

- le principe 0 ou principe de l'équilibre thermique selon lequel :

" **Deux corps en équilibre thermique avec un troisième corps sont en équilibre thermique entre eux** "

Corollaire : " **Deux corps ou objets en équilibre thermique ont même température** "

Ce corollaire permet **de définir** un thermomètre de référence avec $g = at + b$, où les constantes a et b sont fixées à partir de points fixes (par exemple mélange eau + glace à 0 °C et eau bouillante à 100 °C).

- Le troisième principe ou **principe de NERNST** selon lequel **l'entropie S d'une substance cristalline est nulle à 0°K**

$$S = 0 \ pour \ T = \ K$$

En effet, d'après le deuxième principe l'entropie S n'est déterminée qu'à une constante près, cette indétermination est levée par le troisième principe. Cependant, il faut noter que l'entropie au zéro absolu d'une substance qui n'a pas de structure cristalline parfaite, comme une solution solide ou un solide vitreux n'est pas nulle. Néanmoins, le troisième principe fournit un point de référence absolu à partir duquel on peut mesurer l'entropie de chaque substance, appelée « entropie absolue », utilisée dans l'étude des réactions chimiques.

VI. VARIATIONS D'ENTROPIE D'UN GAZ PARFAIT

Partant de l'équation d'état et de l'équation générale de la thermodynamique (V. 24), on écrira :

$$S_2 - S_1 = \int_1^2 \frac{C_V \, dT}{T} + \int_1^2 \frac{R \, dV}{V} \qquad (V.29)$$

En introduisant la relation de Mayer $C_P - C_V = R$, on obtient :

$$S_2 - S_1 = C_V \, ln \frac{T_2}{T_1} + (C_P - C_V) ln \frac{V_2}{V_1}$$

$$S_2 - S_1 = C_V \left(ln \frac{T_2}{T_1} - ln \frac{V_2}{V_1} \right) + C_P ln \frac{V_2}{V_1}$$

$$S_2 - S_1 = C_V \left(ln \frac{T_2}{T_1} \frac{V_1}{V_2} \right) + C_P ln \frac{V_2}{V_1}$$

$$S_2 - S_1 = C_V \, ln \frac{P_2}{P_1} + C_P \, ln \frac{V_2}{V_1} \qquad (V.30)$$

- Transformation isotherme, l'équation (V. 29) se ramène à :

$$S_2 - S_1 = R \, ln \frac{V_2}{V_1} \qquad (V.31)$$

- Transformation isobare, l'équation (V. 31) donne :

$$S_2 - S_1 = C_P \, ln \frac{V_2}{V_1} \qquad (V.32)$$

- Transformation isochore, l'équation (V. 29) donne :

$$S_2 - S_1 = C_V \, ln \frac{P_2}{P_1} \qquad (V.33)$$

- Transformation adiabatique réversible :

$$dS = 0 \qquad (V.34)$$

VII. VARIATIONS D'ENTROPIE DANS LES LIQUIDES ET LES SOLIDES

Rappelons que les liquides et les solides sont des substances modélisées comme des substances incompressibles. Au cours d'une évolution, leur volume demeure à peu près constant $(dV = 0)$. Dans ce cas l'équation générale de la thermodynamique (V. 24)) se réduit à :

$$dS = \frac{dU}{T} = \frac{C\,dT}{T} \qquad (V.35)$$

Car dans les substances incompressibles $C_P = C_V = C$ et $dU = C\,dT$

Pour estimer la variation d'entropie au cours de l'évolution, on intègre l'équation (V. 34) entre l'état initial et l'état final.

$$S_2 - S_1 = \int_1^2 C(T)\frac{dT}{T} \cong C_{moy}\,ln\frac{T_2}{T_1} \qquad (V.36)$$

où C_{moy} est la chaleur massique de la substance dans l'intervalle de température considéré.

VIII. TRANSFERT D'ENTROPIE PAR LA TRANSMISSION DE LA CHALEUR

La chaleur est une forme d'énergie désordonnée et sa transmission est accompagnée d'entropie. Lorsque la chaleur est transmise à un système, son entropie augmente. Inversement, lorsque la chaleur est extraite d'un système, son entropie diminue.

Lorsque 2 systèmes sont mis en contact, l'entropie transmise du système à haute température est égale à l'entropie transmise au système à basse température au point de contact.

$$S_{chaleur} = \frac{Q}{T} \quad ; \quad (T = Cte) \qquad (V.37)$$

Si T est variable, alors :

$$S_{chaleur} = \int_1^2 \frac{\delta Q}{T} \cong \sum \frac{Q_k}{T_k} \qquad (V.38)$$

IX.   ENTROPIE PRODUITE OU GENEREE AU SEIN D'UN SYSTEME

L'entropie est produite ou générée au sein d'un système par les effets d'irréversibilité comme le frottement, le mélange de substances, les réactions chimiques, la transmission de la chaleur, une détente libre ou une compression hors d'équilibre. Au cours d'une transformation réversible, évidemment il n'y a pas d'entropie générée $S_{générée} = 0$

Comme, d'après le 2ème principe $S \geq 0$, on peut reformuler le principe d'accroissement de l'entropie d'un système sous la forme bilan :

$$(Entropie\ totale\ entrante) - (Entropie\ totale\ sortante)$$
$$+ (Entropie\ totale\ générée)$$
$$= (Variation\ de\ l'entropie\ totale\ du\ système)$$

$$\boldsymbol{S_{in} - S_{out} + S_{gén} = \Delta S_{système}} \qquad (V.39)$$

Selon cette équation bilan, la variation d'entropie d'un système au cours d'une évolution est égale à la somme de l'entropie nette transférée à travers ses frontières et à l'entropie produite au sein de ses frontières.

X.   EXERCICES

<u>Exercice V.1 :</u>

On mélange 5kg d'eau à 20°C avec 5kg d'eau à 50°C à la pression atmosphérique sachant $C_P = \dfrac{1\ Kcal}{kg°K}$

   a) Déterminer la température finale du mélange.
   b) Calculer la variation d'entropie du mélange

<u>Solution :</u>

   a) Calcul de la température finale du mélange

La quantité de chaleur reçue par l'eau froide est :

$$Q_F = m_F C_P (T_m - T_F)$$

La quantité de chaleur cédée par l'eau chaude est :

$$Q_C = m_C C_P (T_C - T_m)$$

L'équilibre thermique est atteint à la température T_m , tel que :

$$m_F C_P (T_m - T_F) = m_C C_P (T_C - T_m)$$

$$C_P = Cte$$

$$T_m = \frac{m_C T_C + m_F T_F}{m_C + m_F}$$

$$T_m = \frac{5 * 20 + 5 * 50}{5 + 5} = 35°C = 308\ K$$

b) Variation d'entropie du mélange

La variation d'entropie de l'eau froide est déterminée par :

$$\Delta S_F = \int_{T_F}^{T_m} \frac{dQ}{T} = \int_{T_F}^{T_m} \frac{m_F C_P dT}{T} = m_F C_P ln \frac{T_m}{T_F}$$

La variation d'entropie de l'eau chaude est déterminée par :

$$\Delta S_C = \int_{T_C}^{T_m} \frac{dQ}{T} = \int_{T_C}^{T_m} \frac{m_C C_P dT}{T} = m_C C_P ln \frac{T_m}{T_C}$$

La variation d'entropie du mélange est :

$$\Delta S_m = \Delta S_F + \Delta S_C$$

$$\Delta S_m = m_F C_P ln \frac{T_m}{T_F} + m_C C_P ln \frac{T_m}{T_C}$$

$$\Delta S_m = 5 ln \frac{308}{293} + 5 ln \frac{308}{323} = 0.2496 - 0.2377 = 0.0119 \frac{kcal}{K}$$

$$\Delta S_m > 0\ transformation\ irréversible$$

<u>Exercice V.2 :</u>

Une pièce d'acier de 120 kg de chaleur massique moyenne $C_a = 0.58 \frac{kJ}{kg.K}$ est plongée dans un bain d'huile de 550 kg afin de la durcir. La température du bain d'huile passe de $22°C$ à $65\ °C$. La chaleur massique moyenne de l'huile est $C_h = 1.7 \frac{kJ}{kg.K}$. On considère le système comme adiabatique, déterminer la température initiale de la pièce d'acier ?

<u>Solution :</u>

Système adiabatique en équilibre thermique, la température de la pièce en acier T_a s'obtient de l'égalité de la chaleur cédée par la pièce chaude avec celle reçue par le bain d'huile :

$$m_a C_a (T_a - T_b) = m_b C_h (\Delta T)$$

$$T_a = \frac{m_a C_a T_b + \Delta T m_b C_h}{m_a C_a}$$

$$T_a = \frac{120 * 0.58 * 1000 * 65 + 43 * 550 * 1700}{120 * 0.58 * 1000} = 643°C$$

<u>Exercice V.3 :</u>

Une masse de 25 g d'air sec supposé gaz parfait ($r = 287\,\frac{J}{kgK}$ $\gamma = 1.4$) et occupe à 7°C et à 1 atm un volume de 20 l, on lui fait subir les transformations suivantes :
- compression isotherme jusqu'à 4 atm ;
- évolution isobare pour revenir au volume initial ;
- évolution isochore pour revenir à la température initiale.

Calculer les variations d'entropie pour chaque évolution partielle ainsi que pour le cycle réalisé.

<u>Solution :</u>

1°) Représentation des transformations thermodynamiques sur diagramme de Clapeyron

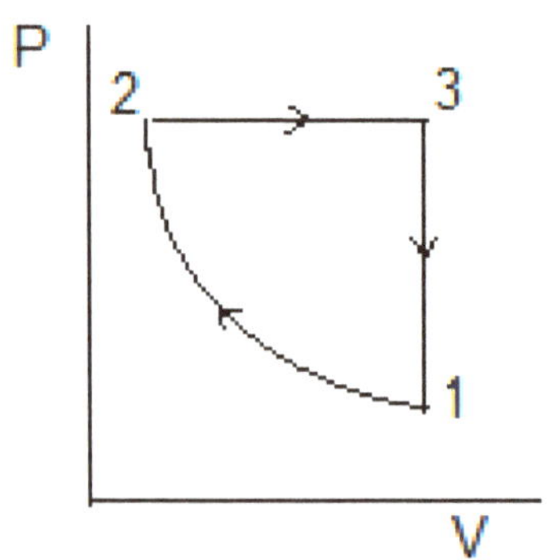

2°) Détermination des paramètres (P, T, V) des points figuratifs du cycle

Points	Pression (atm)	Température (K)	Volume (m^3)
1	1	280	0.02
2	4	280	0.005
3	4	1120	0.02

3°) Variations d'entropie pour chaque transformation

- transformation isotherme 1-2 :

$$\Delta S_{1-2} = mrln\frac{V_2}{V_1} = mrln\frac{P_1}{P_2}$$

$$\Delta S_{1-2} = 25.10^{-3} * 287 * ln\frac{1}{4} = -9.946\, J/K$$

- transformation isobare 2-3 :

$$\Delta S_{2-3} = mc_Pln\frac{V_3}{V_2} = \frac{mr\gamma}{\gamma - 1}ln\frac{V_3}{V_2}$$

$$\Delta S_{2-3} = 25.10^{-3} * 287 * \frac{1.4}{0.4} * ln\frac{0.02}{0.005} = 34.813\, J/K$$

- transformation isochore 3-1 :

$$\Delta S_{3-1} = mc_Vln\frac{P_1}{P_3} = \frac{mr}{\gamma - 1}ln\frac{P_1}{P_3}$$

$$\Delta S_{3-1} = 25.10^{-3} * \frac{287}{0.4} * ln\frac{1}{4} = -24.866\, J/K$$

4°) Variation d'entropie pour le cycle réalisé :

$$\Delta S_{CYCLE} = \Delta S_{1-2} + \Delta S_{2-3} + \Delta S_{3-1}$$

$$\Delta S_{CYCLE} == -9.946 + 34.813 - 24.866 = 0$$

$$\boldsymbol{\Delta S_{CYCLE} = 0}$$

<u>Exercice V.4</u> :

<u>Production d'entropie par un bloc de fer chaud plongé dans l'eau d'un lac</u>

Un bloc de masse 50 kg à 500 K est plongé dans un lac dont la température de l'eau est   285 K. Le bloc se refroidit et atteint la température d'équilibre thermique avec l'eau.

a) Déterminer la variation d'entropie du bloc sachant $C_{pm} = 0.45 \, kJ.kg^{-1}.kg^{-1}$

b) Déterminer la variation d'entropie de l'eau du lac ;

c) Déterminer la variation d'entropie produite pendant l'évolution.

<u>Solution :</u>

a) Calcul de la variation d'entropie du bloc de fer

$$\Delta S = \int_{T_1}^{T_2} \frac{dQ}{T} = \int_{T_1}^{T_2} \frac{m \, C_{pm} dT}{T}$$

$$\Delta S_{Fer} = m.C_{pm} \int_{T_1}^{T_2} \frac{dT}{T} = m.C_{pm}.ln\frac{T_2}{T_1} = 50 * 0.45 * ln\frac{285}{500}$$

$$\Delta S_{Fer} = -12.65 \, kJ.kg^{-1}$$

b) Calcul de la variation d'entropie de l'eau du lac

$$\Delta S_{eau} = \frac{Chaleur \; transmise \; \grave{a} \; l'eau}{T_{eau}} = \frac{m.C_{pm}(T_{Fer} - T_{eau})}{T_{eau}}$$

$$\Delta S_{eau} = \frac{50 * 0.45 * (500 - 285)}{285}$$

$$\Delta S_{eau} = 19.67 \, kJ.kg^{-1}$$

c) Entropie produite pendant l'évolution

$$S_{g\acute{e}n\acute{e}r\acute{e}e} = \Delta S_{Fer} + \Delta S_{eau}$$

$$S_{g\acute{e}n\acute{e}r\acute{e}e} = -12.65 + 19.67 = 4.32 \, kJ.kg^{-1}$$

<u>Exercice V.5 :</u>

<u>Equilibre thermique</u>

Un échantillon de cuivre de masse m = 10 g et de température $T_1 = 300K$ est mis en contact thermique avec un échantillon identique, mais porté à la température $T_2 = 400K$. L'ensemble est thermiquement isolé et on considère la capacité thermique massique du cuivre $c = 3900 J/kg.K$ constante dans le domaine d'étude.

Déterminer la température finale T_F ainsi que la création d'entropie pour le système global.

<u>Réponses :</u>

$Tf = 350 \, K, S \; cr\acute{e}\acute{e}e = 8,04.10^{-2} J.K^{-1}$

Chapitre VI : ETUDE DE LA VAPEUR D'EAU

I. INTRODUCTION

Des substances pures comme l'air, l'eau et certains réfrigérants sont utilisées dans une multitude d'applications pour transmettre de la chaleur et produire du travail. Ce chapitre porte sur l'étude de leurs propriétés et plus particulièrement, sur l'étude des évolutions de changement de phase eau-vapeur d'eau.

II. NOTIONS DE SUBSTANCES PURES

II.1 Définition

Une substance pure est une substance dont la composition est homogène et stable. L'eau, l'azote, l'hélium et le gaz carbonique sont des substances pures.

Une substance pure peut être constituée de différentes espèces chimiques pourvu que leur mélange demeure stable et homogène, exemple l'air (O_2, N_2...) contrairement à un mélange d'eau et d'huile (non miscibles), lequel n'est pas une substance pure.

II.2 Phases d'une substance pure

Une phase est définie comme une quantité de matière entièrement homogène. Exemple : à température ambiante le cuivre est une phase solide, le mercure est une phase liquide, l'azote est une phase gazeuse.

Une substance pure peut avoir des phases distinctes. Exemple : Eau + glace = phase liquide + phase solide; eau + vapeur = liquide + gaz (même composition chimique).

A l'échelle atomique, pour la phase solide, les molécules forment un réseau cristallin. Suite à son chauffage, la rupture des liaisons atomiques correspond à la phase liquide. La poursuite du chauffage engendre la séparation des molécules et correspond à la phase gazeuse.

III. CHANGEMENTS DE PHASE D'UNE SUBSTANCE PURE

Nombreuses sont les applications pratiques où une substance se présente simultanément dans des phases différentes. A l'intérieur d'une chaudière ou d'un condenseur, l'eau se trouve sous forme liquide-vapeur. Le réfrigérant qui circule dans un évaporateur passe de la phase liquide à la phase vapeur. Les évolutions liquide-vapeur d'eau sont fondamentales dans la plupart des machines thermiques.

III.1 Le liquide comprimé et le liquide saturé

Soit de l'eau liquide à $20°C$ et à la pression atmosphérique $(101,325\ kPa)$ contenue dans un système piston cylindre sans frottement (Fig. VI.1). Dans cet état, l'eau est un « *liquide comprimé* » ou *sous-refroidi*.

A 1 atm et à $100°C$ (Fig. VI.2) l'eau est sur le point de se transformer en vapeur. Elle est appelée « *liquide saturé* ».

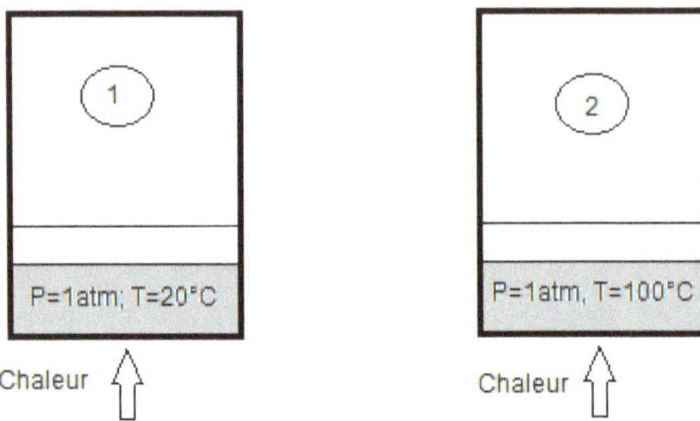

Figure VI.1 : L'eau est un liquide comprimé   *Figure VI.2 : L'eau est un*
liquide saturé

III.2 La vapeur saturée et la vapeur surchauffée

A mesure que la chaleur est transmise à l'eau, une partie du liquide saturé s'évapore. Dans ce cas, l'eau est un mélange liquide-vapeur saturé (Fig. VI.3). L'évaporation se poursuit tant que la chaleur continue d'être transmise au système, et ce, jusqu'à ce que toute l'eau soit évaporée (Fig. VI.4). Si la substance continue d'être chauffée à pression constante, la vapeur passe à l'état de vapeur surchauffée (Fig. VI.5).

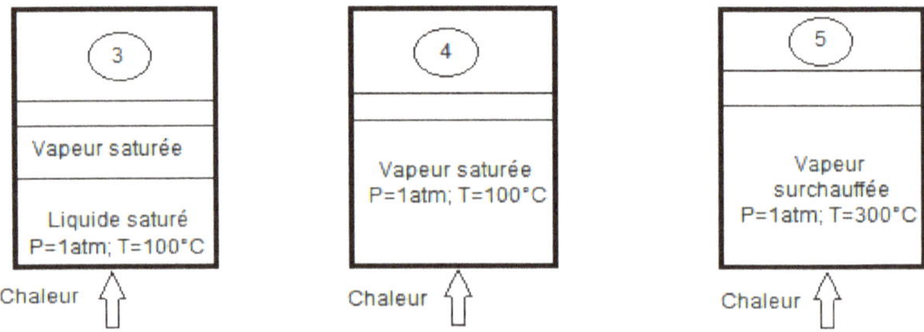

Figure VI.3 : Liquide-vapeur saturée   Figure VI.4 : Vapeur saturée   Figure VI.5 :
Vapeur surchauffée

L'évolution complète de changement de phase liquide-vapeur est représentée sur le diagramme (T, V) (Fig. VI.6).

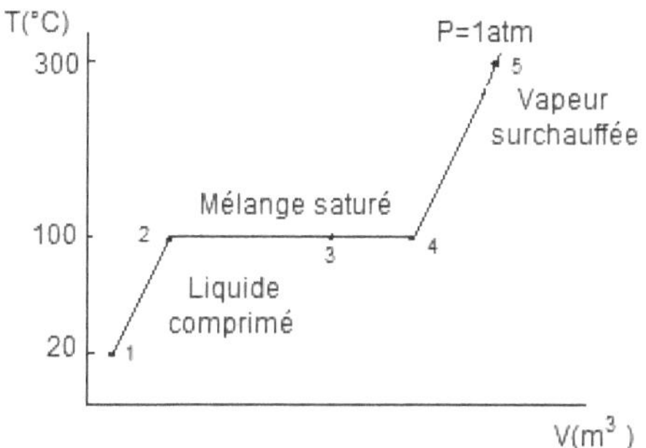

Figure VI.6 : Diagramme (T, V) de l'eau chauffée à pression constante

III.3 Température et pression de saturation

La température de saturation désigne la température à laquelle se produit l'évaporation pour une pression donnée. Exemple pour l'eau $Tsat = 99.97°C$ à $P = 101.325 kPa$. De même, la pression de saturation désigne la pression à laquelle se produit l'évaporation pour une température donnée. Ces grandeurs thermiques $Tsat$ et $Psat$ sont tabulées.

III.4 Chaleur latente

Fondre un solide ou évaporer un liquide nécessite beaucoup de chaleur. La quantité de chaleur absorbée ou dégagée durant un changement de phase est appelée chaleur latente. Celle correspondant à la fusion d'une substance est appelée chaleur latente de fusion et celle correspondant à son évaporation s'appelle chaleur latente de vaporisation.

Pour l'eau à $0°C$ et à $101.325 kPa$: $Lf = 337 kJ/kg$; à $100°C$ et à $101.325 kPa$: $Lv = 2256.5 kJ/kg$.

IV.   TITRE DE LA VAPEUR D'EAU

On définit le titre de la vapeur x comme le rapport de la masse de la vapeur dans le mélange à la masse totale du mélange, soit

$$x = \frac{m_v}{m_t} \qquad tel \; que \quad 0 < x < 1 \qquad (VI.1)$$

$$m_t = m_{liquide} + m_{vapeur} = m_f + m_g \qquad (VI.2)$$

L'indice f permet de noter une variable associée au liquide saturé, alors que l'indice g correspond à une variable associée à la vapeur saturée. L'indice fg implique la différence entre la variable associée à la vapeur saturée et la variable associée au liquide saturé. Par exemple : $v_f =$ volume massique du liquide saturé, $v_g =$ volume massique de la vapeur saturée et $v_{fg} = v_g - v_f$.

L'enthalpie h_{fg} est appelée « enthalpie de vaporisation » ou « chaleur latente de vaporisation ». Elle représente la quantité d'énergie requise par unité de masse pour vaporiser un liquide saturé à une pression et à une température donnée.

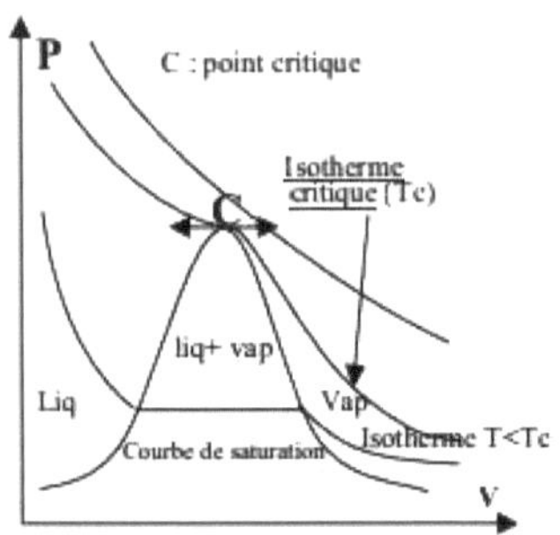

Figure VI.7 : Courbe de saturation

$x = 0$: correspond à un mélange qui n'est constitué que de liquide saturé, situé sur la portion gauche de la courbe de saturation (Fig. VI.7).

$x = 1$: correspond à un mélange qui n'est constitué que de vapeur saturée, situé sur la portion droite de la courbe de saturation (Fig. VI.7).

V. FORMULES EMPIRIQUES

Calcul de la chaleur latente de vaporisation :

$$L_V = 606.5 - 0.695 \, ts \quad \text{en kcal/kg ; pour} \quad 0 < t_s < 200°C \qquad \text{(VI.3)}$$

Formule de Bertin :

$$P_s = \left(\frac{t_s}{100}\right)^4 \quad \text{en } \frac{kgf}{cm^2} \quad \text{et } t_s \text{ en } °C ; \qquad \text{(VI.4)}$$

Formule de Dupperay :

$$Pv_g = 2 \quad P \text{ en } \frac{kgf}{cm^2} \text{ et } v_g \text{ en } \frac{m^3}{kg} \qquad \text{(VI.5)}$$

VI. REPRESENTATION DES TRANSFORMATIONS THERMODYNAMIQUES DE LA VAPEUR D'EAU

VI.1 Isochore et isobare d'un fluide à C_v et C_p constantes

Transformation isobare réversible ($dP = 0$):

$$\delta Q = C_p dT$$
$$dS = \frac{\delta Q}{T} = \frac{C_p dT}{T}$$
$$S = C_p \ln(T) + Cte$$
$$ln(T) = (S - Cte)/ C_p$$
$$T = e^{(S-Cte)/ C_p} = ke^{S/C_p} \tag{VI.6}$$

Transformation isochore réversible ($dV = 0$):

$$\delta Q = C_V dT$$
$$dS = \frac{\delta Q}{T} = \frac{C_V dT}{T}$$
$$S = C_V \ln(T) + Cte$$
$$ln(T) = (S - Cte)/ C_V$$
$$T = e^{(S-Cte)/ C_V} = k' e^{S/C_p} \tag{VI.7}$$

Les transformations isobares et isochores sont représentées par des exponentielles.

VI.2 Diagramme (T, S)

On se place en 1 point M sur le diagramme (T, S) (Fig. VI.8) et on cherche à situer les transformations isobare et isochore en ce point. Soient $(\frac{\partial T}{\partial S})_P$ et $(\frac{\partial T}{\partial S})_V$ les pentes des isobares et des isochores en ce point M arbitraire du diagramme (T, S).

$$T = ke^{S/C_p} \Rightarrow (\frac{\partial T}{\partial S})_P = \frac{k}{C_p} e^{S/C_p} = \frac{T}{C_p} \tag{VI.8}$$

$$T = k' e^{S/C_p} \Rightarrow (\frac{\partial T}{\partial S})_V = \frac{k'}{C_V} e^{S/C_V} = \frac{T}{C_V} \tag{VI.9}$$

$$\frac{(\frac{\partial T}{\partial S})_V}{(\frac{\partial T}{\partial S})_P} = \frac{C_p}{C_V} = \gamma > 1 \tag{VI.10}$$

La tangente à l'isochore est toujours supérieure à l'isobare en ce point M. Le résultat reste valable même si C_p et C_V sont variables.

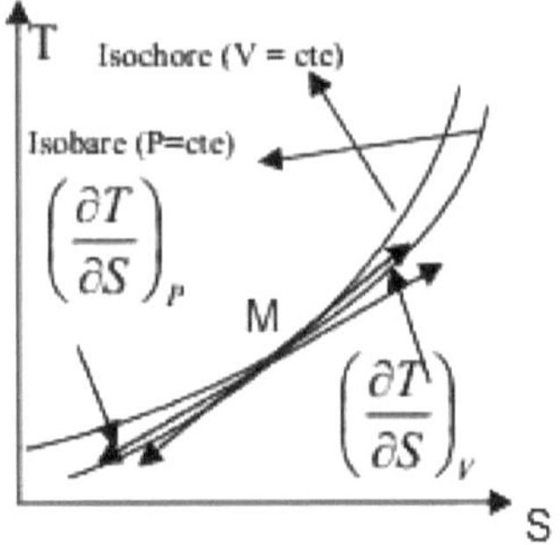

Figure VI.8 : transformation isobare et isochores sur diagramme (T,S)

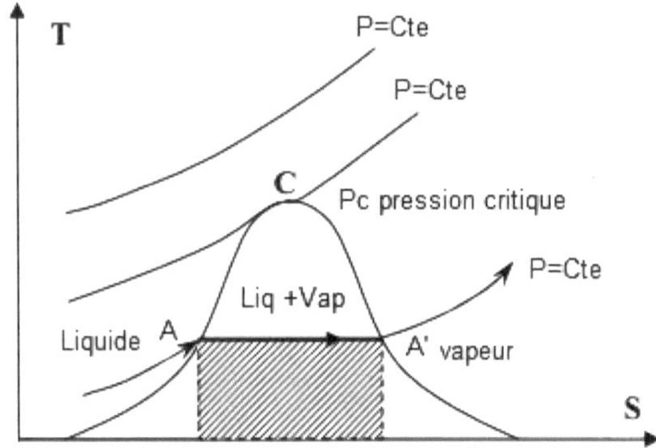

Figure VI.9 : représentation des isobares dans le cas de la vapeur d'eau

VI.3 Diagramme (H, S)

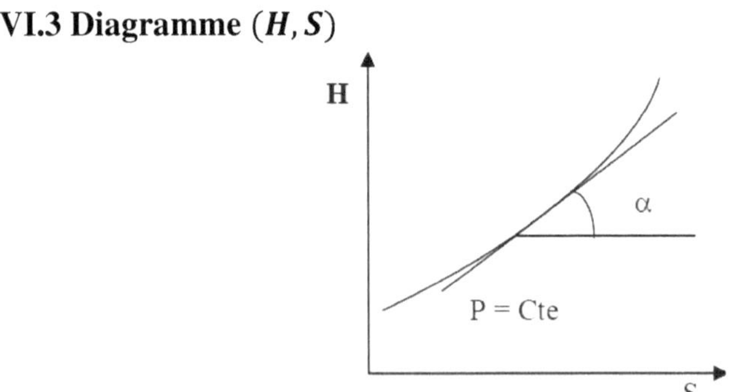

Figure VI.10 : transformation isobare sur diagramme (H, S)

Dans le cas d'une transformation isobare (Fig. VI.10), on a :

$$\delta Q_p = \Delta H = \delta Q_{rev} = Tds \qquad (VI.11)$$

$$\left[\frac{dH}{dS}\right]_P = T \qquad (VI.12)$$

Le coefficient angulaire de la tangente à une isobare est égal à la température thermodynamique.

- **Cas d'un gaz parfait**

$$dH = C_P dT \qquad\qquad (VI.13)$$

$$H = f(T) \Rightarrow \left[\frac{\partial H}{\partial P}\right]_T = \left[\frac{\partial H}{\partial V}\right]_T = 0 \qquad\qquad (VI.14)$$

Si C_P constante, alors :

$$H = C_P T + Cte \qquad\qquad (VI.15)$$

Le diagramme (H, S) s'identifie au diagramme entropique à un changement de l'échelle des ordonnées près.

- **Cas d'un mélange liquide + vapeur (diagrammes de Mollier)**

Ces diagrammes sont utilisés pour l'étude des machines thermiques en particulier les machines frigorifiques. A l'intérieur de la courbe de saturation, les isobares confondues avec les isothermes sont des droites inclinées.

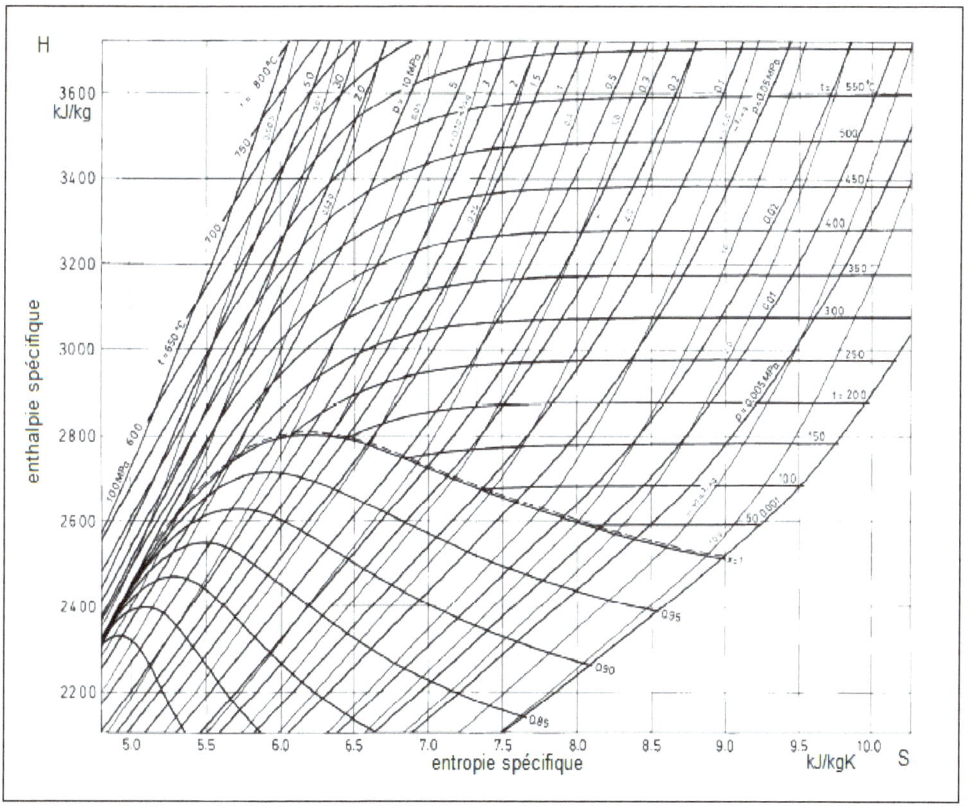

Figure VI.11 : diagramme de Mollier (H, S) de l'eau

On peut également porter les pressions en ordonnées et les enthalpies en abscisse pour représenter l'état d'un fluide (Fig. VI.12).

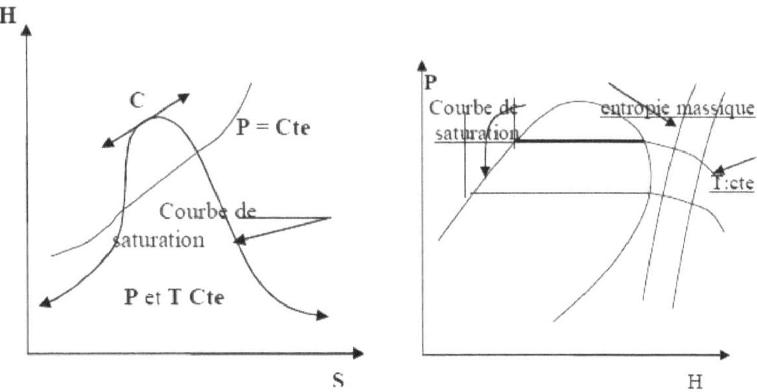

Figure VI.12 : diagrammes (H, S) et (H, P)

- **Cas d'une compression ou d'une détente adiabatique irréversible** (Fig. VI.13):
- $1 \rightarrow 2$: Réversible
- $1 \rightarrow 2'$: Irréversible

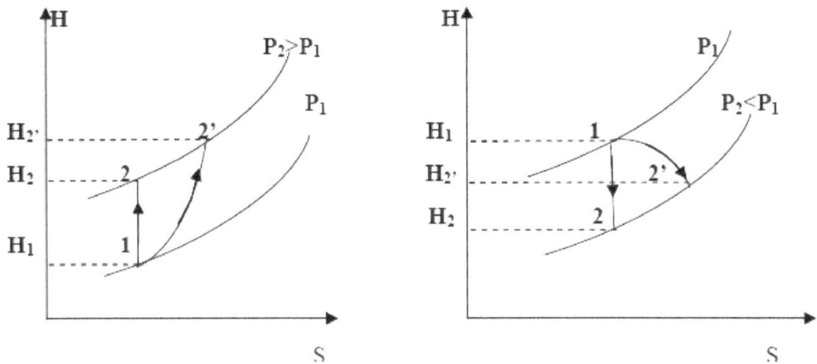

Figure VI.13 : transformation adiabatique sur diagrammes (H, S)

Rendement isentropique :
- Compression :

$$\eta_S = \frac{H_2 - H_1}{H_{2'} - H_1} \qquad (VI.16)$$

H_1 : enthalpie du gaz à l'entrée d'un compresseur.

H_2: enthalpie du gaz à la sortie d'un compresseur résultant de l'évolution isentropique.

$H_{2\prime}$: enthalpie du gaz à la sortie d'un compresseur résultant de l'évolution réelle.

Dans le cas présent, la variation d'énergie cinétique et potentielle de l'écoulement est négligeable devant la variation de l'enthalpie.

La grandeur de η_S est dictée par la conception du compresseur. Le rendement isentropique des compresseurs, varie en général de 80 à 90%.

- Détente :

$$\eta_S = \frac{H_1 - H_{2\prime}}{H_1 - H_2} \qquad (VI.17)$$

H_1: enthalpie du fluide moteur à l'entrée d'une turbine.

H_2: enthalpie du gaz à la sortie d'une turbine résultant de l'évolution isentropique.

$H_{2\prime}$: enthalpie du gaz à la sortie d'une turbine résultant de l'évolution réelle.

La grandeur de η_S est dictée par la conception des turbines. Ce rendement peut dépasser 90%.

Propriétés de la vapeur d'eau H_2O saturée		Masse volumique		Volume spécifique		Enthalpie spécifique		Chaleur de vaporisation
Température	Pression	Liquide	vapeur	liquide	vapeur	liquide	vapeur	
T (K)	P (N/cm²)	ρ' (kg/m³)	ρ'' (kg/m³)	v' (m³/kg)	v'' (m³/kg)	h' (kJ/kg)	h'' (kJ/kg)	L=h'-h'' (kJ/kg)
354.15	4.9308	971.16	0.3047	0.0010297	3.282	339.131	2644.802	2305.671
355.15	5.1328	970.50	0.3164	0.0010304	3.161	343.359	2646.476	2303.159
356.15	5.3417	969.93	0.3284	0.0010310	3.045	347.546	2648.151	2300.647
357.15	5.5574	969.27	0.3408	0.0010317	2.934	351.733	2649.826	2298.135
358.15	5.7800	968.62	0.3536	0.0010324	2.828	355.962	2651.500	2295.622
359.15	6.0105	967.96	0.3667	0.0010331	2.727	360.149	2653.175	2293.110
360.15	6.2488	967.31	0.3804	0.0010338	2.629	364.377	2654.850	2290.598
361.15	6.4949	966.65	0.3943	0.0010345	2.536	368.564	2656.106	2287.668
362.15	6.7489	966.00	0.4087	0.0010352	2.447	372.751	2657.781	2285.155
363.15	7.0108	965.34	0.4235	0.0010359	2.361	376.979	2659.455	2282.643
364.15	7.2805	964.69	0.4388	0.0010366	2.279	381.166	2661.130	2280.131
365.15	7.5609	964.04	0.4545	0.0010373	2.200	385.395	2662.386	2277.201
366.15	7.8492	963.30	0.4708	0.0010381	2.124	389.582	2664.061	2274.688
367.15	8.1464	962.65	0.4873	0.0010388	2.052	393.810	2666.154	2272.176
368.15	8.4524	961.91	0.5045	0.0010396	1.982	398.039	2667.829	2269.664
369.15	8.7691	961.17	0.5222	0.0010404	1.915	402.226	2669.504	2267.152
370.15	9.0947	960.43	0.5402	0.0010412	1.851	406.455	2671.178	2264.640
371.15	9.4301	959.69	0.5590	0.0010420	1.789	410.683	2672.853	2262.128
372.15	9.7782	959.05	0.5780	0.0010427	1.730	414.912	2674.109	2259.197
373.15	10.1322	958.31	0.5977	0.0010435	1.673	419.099	2675.784	2256.685
374.15	10.5000	957.58	0.6181	0.0010443	1.618	423.327	2677.459	2254.173
375.15	10.8775	956.94	0.6386	0.0010450	1.566	427.514	2678.715	2251.242
376.15	11.2669	956.21	0.6601	0.0010458	1.515	431.743	2680.389	2248.730
377.15	11.6680	955.47	0.6821	0.0010466	1.466	435.971	2681.645	2245.800
378.15	12.0798	954.75	0.7047	0.0010474	1.419	440.200	2683.320	2243.287
379.15	12.5045	954.02	0.7278	0.0010482	1.374	444.429	2684.995	2240.775
380.15	12.9409	953.29	0.7513	0.0010490	1.331	448.657	2686.670	2237.845
381.15	13.3900	952.56	0.7758	0.0010498	1.289	452.886	2688.344	2235.333
382.15	13.8519	951.75	0.8006	0.0010507	1.249	457.115	2689.600	2232.402
383.15	14.3265	951.02	0.8254	0.0010515	1.210	461.343	2691.275	2229.890
384.15	14.8139	950.30	0.8525	0.0010523	1.173	465.572	2692.950	2227.378
385.15	15.3160	949.49	0.8795	0.0010532	1.137	469.801	2694.206	2224.447
386.15	15.8319	948.77	0.9074	0.0010540	1.102	474.029	2695.881	2221.935
387.15	16.3614	947.96	0.9354	0.0010549	1.069	478.258	2697.137	2219.004
388.15	16.9057	947.15	0.9652	0.0010558	1.036	482.529	2698.811	2216.492
389.15	17.4647	946.34	0.9950	0.0010567	1.005	486.757	2700.486	2213.561
390.15	18.0384	945.54	1.025	0.0010576	0.9754	490.986	2702.161	2211.049
391.15	18.6277	944.73	1.056	0.0010585	0.9465	495.257	2703.417	2208.118
392.15	19.2328	943.93	1.089	0.0010594	0.9186	499.485	2704.673	2205.188
393.15	19.8536	943.13	1.121	0.0010603	0.8017	503.672	2706.348	2202.675

Figure VI.13 : extrait des tables de la vapeur d'eau saturée

VII. EXERCICES

<u>Exercice VI.1 :</u>

Compression d'une substance sous forme liquide et sous forme gazeuse

Déterminer le travail requis pour comprimer l'eau de façon isentropique de $100\ kPa$ à $1\ MPa$ en supposant qu'à l'entrée de la machine, l'eau se transforme sous forme de :

- liquide saturé (pompe)
- vapeur saturée (compresseur)

<u>Solution</u>

- Eau liquide saturé, fluide incompressible : Volume constant

On relève des tables thermodynamiques à $P_1 = 100\ kPa$; $v_{f1} = 0.00143\ m^3 kg^{-1}$

$$W_{rev1} = \int_{P_1}^{P_2} V dP = V \int_{P_1}^{P_2} dP = V(P_2 - P_1)$$

$$W_{rev1} = 0.00143(10^6 - 10^5) = 940\ J kg^{-1}$$

- Eau sous forme de vapeur saturée : gaz compressible, le volume varie en fonction de la pression. La compression est isentropique $dS = 0 \rightarrow dQ = 0$

$$TdS = dh - VdP = 0$$

$$W_{rev2} = \int V dP = \Delta h$$

On relève des tables thermodynamiques à $P_1 = 100\ kPa$; $h_1 = 2675.0\ kJ kg^{-1}$
$$P_2 = 1MPa\ ; h_2 = 3194.5\ kJ kg^{-1}$$

D'où :

$$W_{rev2} = \Delta h = 3194.5 - 2675.0 = 519.5\ kJ kg^{-1}$$

En faisant le rapport des 2 grandeurs des travaux requis, on obtient :

$$\frac{W_{rev2}}{W_{rev1}} = \frac{519.5}{0.94} = 552.66$$

Comprimer la vapeur d'eau nécessite 552.66 fois plus d'énergie que pomper l'eau liquide entre les 2 mêmes pressions.

<u>Exercice VI.2 :</u>

Un récipient dont $V = 0.5\ m^3$ contient $3kg$ de mélange eau-vapeur d'eau en équilibre à $0.75\ MPa$ et à $168°C$. Les propriétés du mélange relevées des tables sont :

$v_f = 0.00112 \, m^3 kg^{-1}; \quad h_f = 709.3 \, kJ.kg^{-1}; \quad v_g = 0.2556 \, m^3 kg^{-1}; \quad h_g = 2765.8 kJ/kg$

Calculer :

- La chaleur latente Lv
- Le titre x
- La masse de vapeur M_v et la masse de liquide M_l ?
- Le volume de vapeur V_v et le volume de liquide V_l ?

<u>Solution</u>

- Calcul de la chaleur latente de vaporisation

$$Lv = \Delta h = h_g - h_f$$
$$Lv = 2765.8 - 709.3 = 2056.5 \, kJ/kg$$

- Calcul du titre de la vapeur

$$x = \frac{v - v_f}{v_g - v_f} = \frac{\frac{V}{M} - v_f}{v_g - v_f}$$

$$x = \frac{\frac{0.5}{3} - 0.00112}{0.2556 - 0.00112} = \frac{0.16554}{0.25448} = 0.65$$
$$x = 0.65$$

- Masse de la vapeur et masse du liquide

$$M_v = xM = 3 * 0.65 = 1.95 \, kg$$
$$M_l = (1 - x)M = 0.35 * 3 = 1.05 \, kg$$

- Volume de la vapeur et volume du liquide

$$V_v = M_v * v_g = 1.95 * 0.2556 = 0.4984 \, m^3$$
$$V_l = M_l * v_f = 1.05 * 0.00112 = 0.001176 \, m^3$$

<u>Exercice VI.3 :</u>

Une vapeur saturée humide dont le titre est $x_1 = 0.8$ à la pression de $1.5 \, MPa$. Déterminer la quantité de chaleur nécessaire pour la ramener à un titre $x_2 = 0.95$ à pression constante.

<u>Solution</u>

On relève des tables de la vapeur d'eau les propriétés de celle-ci à $P = 1.5 \, MPa$:

$= 198.27°C; \; v_f = 1.1538.10^{-3} \, m^3 kg^{-1}; h_f = 201.6 \, kcal.kg^{-1}$;

$v_g = 0.1367 \, m^3 kg^{-1}$; $\qquad h_g = 666.7 \, kcal.kg^{-1}$;

$s_f = 0.5523 \, kcal.kg^{-1}K; \qquad s_g = 1.5390 \, kcal.kg^{-1}K$

La chaleur latente de vaporisation est :

$$L_V = \Delta h = h_g - h_f$$
$$L_V = 666.7 - 201.6 = 465.1 \ kcal.kg^{-1}$$

L'enthalpie de la vapeur de titre $x_1 = 0.8$ à $P = 1.5 \ MPa$ est :

$$h_1 = (1 - x_1)h_f + x_1 h_g$$
$$h_1 = (1 - 0.8)201.6 + 0.8 * 666.7 = 573.56 \ kcal.kg^{-1}$$

L'enthalpie de la vapeur de titre $x_2 = 0.95$ à $P = 1.5 \ MPa$ est :

$$h_2 = (1 - x_2)h_f + x_2 h_g$$
$$h_2 = (1 - 0.95)201.6 + 0.95 * 666.7 = 643.445 \ kcal.kg^{-1}$$

La quantité de chaleur nécessaire à l'élévation du titre de la vapeur de l'état 1 à l'état 2 est :

$$\Delta h = h_2 - h_1$$
$$\Delta h = 643.445 - 573.56 = 69.885 \ kcal.kg^{-1}$$

Exercice VI.4 :

1 kg de vapeur d'eau surchauffée à la pression $P_1 = 5 \ MPa$ et à la température $t_1 = 400°C$, caractérisée par $v_1 = 0.5541 m^3/kg$, $h_1 = 3169.9 kJ/kg$, $s_1 = 6.6486 kJ/kg$ se détend adiabatiquement jusqu'à la pression $P_2 = 0.05 \ MPa$. Déterminer la température T_2 et le titre x_2 en fin de détente ?

Solution

On relève des tables de la vapeur d'eau les propriétés de celle-ci à _$P_2 = 0.05 \ MPa$:

$$t = 81.31°C$$

$$v_f = 1.0299.10^{-3} \ m^3 kg^{-1}; \quad h_f = 81.28 \ kcal.kg^{-1}$$
$$v_g = 3.250 \ m^3 kg^{-1}; \quad h_g = 631.8 \ kcal.kg^{-1}$$
$$s_f = 0.2605 \ kcal.kg^{-1}K; \quad s_g = 1.8135 \ kcal.kg^{-1}K$$

Détente adiabatique 1-2, donc isentropique : $s_1 = s_2$

Calculons x_2 :

$$x_2 = \frac{s_2 - s_f}{s_g - s_f}$$
$$x_2 = \frac{(6.6486/4.186) - 0.2605}{1.8135 - 0.2605} = 0.855$$

<u>Exercice VI.5</u> :

1 kg de vapeur d'eau sèche est détendu isentropiquement de $t_1 = 175°C$ à $t_2 = 60°C$.

a) Représenter graphiquement la détente en (P, V) et (T, S).

b) Déterminer le titre en fin de détente

c) Evaluer la chute d'enthalpie.

d) Calculer les pressions et les volumes des points 1 et 2 ?

<u>Réponses</u> :

   a) Représentation graphique de la détente isentropique de la vapeur d'eau saturée sèche

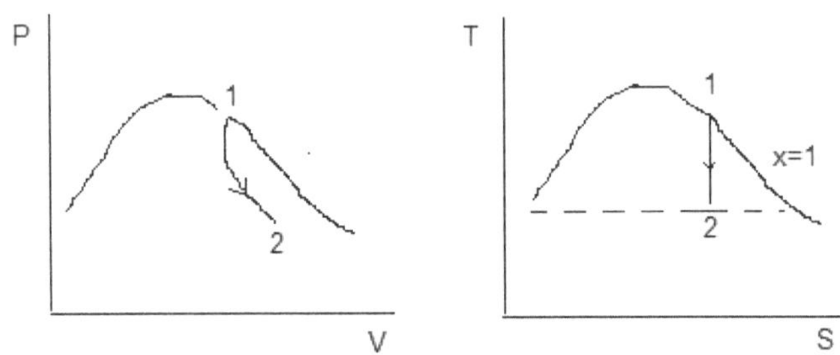

   b) Titre de la vapeur d'eau en fin de détente

On relève des tables de la vapeur d'eau les propriétés de celle-ci :

T (°C)	P (bar)	v_f (m³/kg)	h_f (kcal/kg)	s_f (kcal/kg)	v_g (m³/kg)	h_g (kcal/kg)	s_g (kcal/kg)
175	8.928	1.1208 10⁻³	177.0	0.4994	0.2166	662.4	1.5825
60	0.1992	1.0171 10⁻³	59.98	0.1985	7.678	632.2	1.8889

Détente adiabatique 1-2, donc isentropique : $s_1 = s_{g_1} = s_2$

Par définition :

$$x_2 = \frac{s_{g_1} - s_{f_2}}{s_{g_2} - s_{f_2}}$$

$$x_2 = \frac{1.5825 - 0.1985}{1.8889 - 0.1985}$$

$$x_2 = 0.818$$

   c) Chute d'enthalpie

Calcul de l'enthalpie en fin de détente

$$h_2 = (1 - x_2)h_{f_2} + x_2 h_{g_2}$$

$$h_2 = (1 - 0.818)59.98 + 0.818 * 632.2$$
$$h_2 = 582.056 \text{ kcal/kg}$$
$$\Delta h = h_1 - h_2 = h_{g_1} - h_2$$
$$\Delta h = 662.4 - 582.056 = 80.34 \text{ kcal/kg}$$

d) Calcul des pressions aux points 1 et 2

La pression peut être obtenue sur la courbe de saturation sèche par la formule empirique de Dupperay $Pv_g = 2$

D'où $P_1 = \dfrac{2}{v_g} = \dfrac{2}{0.2166} = 9.23 \; kgf.cm^{-2} = 9.23 * 0.98067 = 9 \; bars$

La pression en fin de détente découlera de l'équation de l'adiabatique $PV^\gamma = Cte$

Exercice VI.6 :

De la vapeur humide à la pression de $60 \; bars$ et au titre de 0.95 se détend isentropiquement jusqu'à la pression de $0.1 \; bar$.

Données:

à 60 bars: $T_{sat} = 275.53°C$; $v_f=0.0013187$ m^3/kg; $v_g=0.03245$ m^3/kg; $h_f=289.9$ kcal/kg;

$h_g= 664.7$ kcal/kg; $s_f=0.7223$ kcal/kg.K; $s_g =1.4056$ kcal/kg.K

à 0.1 bar: $T_{sat}=45.72°C$ $v_f=1.0102$ m^3/kg; $v_g=14.811$ m^3/kg; $h_f=45.75$ kcal/kg;

$h_g=617.1$ kcal/kg; $s_f=0.1546$ kcal/kg.K; $s_g=1.9467$ kcal/kg.K

Déterminer
   a) L'état final de la vapeur
   b) Le travail accompagnant la détente
   c) La valeur de l'exposant adiabatique

Réponses :

a) Etat final de la vapeur

Points	P (bar)	T (°C)	h (kcal/kg)	V (m^3/kg)	X
1	60	275.53	645.96	0.03082	0.95
2	0.1	45.72	434.30	10.07	0.68

b) Travail de détente

La vapeur d'eau est assimilée à un gaz parfait.

Partant de l'équation du 1er principe et de la définition de l'enthalpie on aura :

$$U_{1-2} = W_{1-2} + Q_{1-2}$$

$$Q_{1-2} = 0$$
$$W_{1-2} = U_{1-2}$$
$$H = U + PV$$
$$W_{1-2} = U_{1-2} = U_2 - U_1 = (H_2 - P_2V_2) - (H_1 - P_1V_1)$$
$$W_{1-2} = (H_2 - H_1) - (P_2V_2 - P_1V_1)$$

$$W_{1-2} = - 801.79 \text{ Kj}$$

c) Valeur de l'exposant adiabatique γ :

$$P_1V_1{}^{\gamma} = P_2V_2{}^{\gamma}$$
$$\frac{P_1}{P_2} = (\frac{V_2}{V_1})^{\gamma}$$
$$ln\frac{P_1}{P_2} = \gamma \, ln\frac{V_2}{V_1}$$
$$\gamma = 1.10$$

Chapitre VII : ETUDE DES GAZ REELS

I. DEFINITION

Les gaz réels ont un comportement très différent des gaz parfaits. Si la pression augmente la loi des gaz réels s'écarte de celle des gaz parfaits, surtout aux hautes pressions (quelques atmosphères). Les gaz réels sont :

- décrits par des lois différentes et plus complexes ;
- liquéfiables à une température inférieure à la température critique T_c fonction du gaz.

Dans un gaz réel, la distance entre les molécules est grande et donc l'énergie potentielle d'interaction est faible, l'énergie interne se présente alors essentiellement sous forme d'énergie cinétique d'agitation thermique.

Dans un gaz parfait, ces distances sont très grandes par rapport aux dimensions de ces molécules (supposées ponctuelles) et l'énergie potentielle est nulle.

II. DIAGRAMMES DES GAZ REELS

Si on trace expérimentalement les isothermes des gaz réels dans un diagramme de Clapeyron, on obtient (Fig. VII.1) : les allures de ces isothermes sont très différentes de celles du gaz parfait. On constate alors que ces isothermes expérimentales ne ressemblent à celles du gaz parfait que pour les faibles pressions et à grand volume (cas du gaz dilué approchant le gaz parfait).

D'autre part si on comprime le gaz, le comportement va dépendre fortement de la température :

- Si $T > T_C$, au-dessus d'une certaine température T_C dite <u>critique</u> le fluide se comprime régulièrement en restant à l'état gazeux, mais la loi $P = f(V)$ s'écarte sensiblement de celle du gaz parfait.

- Si $T < T_C$, au-dessous de la température critique on observe un début de liquéfaction du gaz pour $V = V_g$, la partie de gaz liquéfié augmente progressivement si le volume diminue. Pour $V = V_f$, il n'y a plus que du liquide et la liquéfaction est totale.

- Si $T = T_C$, le palier de liquéfaction horizontale se réduit à un point d'inflexion à tangente horizontale caractérisé par les valeurs (P_c, V_c, T_c).

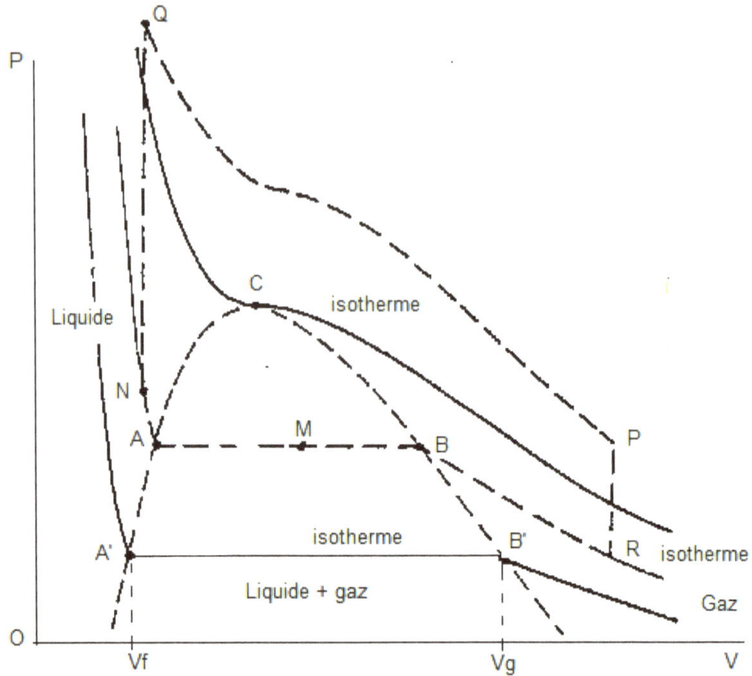

Figure VII.1 : Représentation des isothermes des gaz réels

La courbe en pointillé, lieu géométrique des points tels que A, B, C A', B' est appelée **courbe de saturation** ; en dessous de cette courbe de saturation on a toujours coexistence de l'état liquide (f) et de l'état gazeux (g) : on a alors un mélange $(L + V)$ dit **mélange humide** ou **vapeur saturante**. Ce mélange ou vapeur humide est caractérisé par son **titre** x indiquant la proportion de vapeur dans le mélange $x = \dfrac{AM}{AB}$.

On constate qu'en élevant progressivement la température, il arrive un moment où la liquéfaction ne se produit plus : la pression du système augmente de manière continue sans palier de condensation. C'est la température critique T_c .

III.   LOIS DES GAZ REELS

Le comportement de quelques gaz réels est représenté dans un diagramme d'Amagat (Fig. VII.2), on y constate que :

- aux pressions élevées > 1 atm, les gaz réels s'écartent notablement du gaz parfait (courbe horizontale G.P).
- si la pression $P \rightarrow 0$, toutes les courbes convergent vers un seul point RT

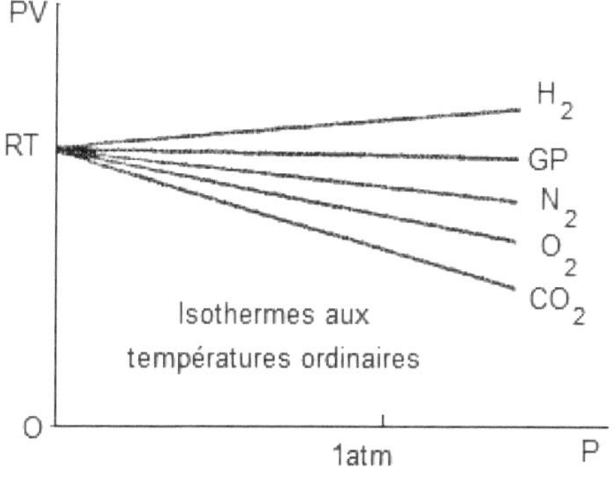

Figure VII.2 : Comportement de gaz réels, diagramme d'Amagat

D'après l'allure rectiligne de ces courbes, on voit que les équations d'état de ces différents gaz suivent une loi linéaire, telle que :

$$PV = RT + B(T)P \quad \text{(n =1 mole)} \tag{VII.1}$$

Cette loi de gaz n'est valable que dans un intervalle limité de pression [0, 2 bars] et pour une température donnée de 300 K.

- Différence de comportement du gaz réel par rapport au gaz parfait.

Pour obtenir la loi simple des gaz parfaits, on a dû postuler un certain nombre d'hypothèses : les molécules sont assimilées à des points ponctuels (sphères de rayons négligeables) et l'absence d'interactions entre les particules (énergie potentielle nulle) car leurs distances sont infiniment grandes par rapport à leur dimension.

Ces hypothèses ne sont en fait valable qu'aux faibles pressions ($P < 1atm.$) où le nombre de molécules est réduit, ce qui augmente leur libre parcours moyen : les molécules étant alors très éloignées entre elles, on peut alors négliger leurs interactions mutuelles.

III.1 Modèle de van der Waals

En tenant compte des interactions mutuelles d'attraction et de répulsion entre les molécules et de la nature non ponctuelle de ces molécules, Van der Waals a proposé les modifications suivantes par rapport à la loi des gaz parfaits :
- les molécules ont une certaine taille (soit un volume b) et vu leur très grand nombre N, elles occupent un volume propre : $V_b = Nb$ dit le covolume

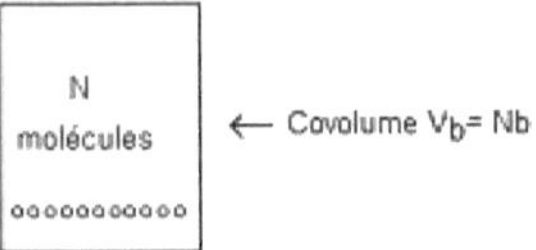

Figure VII.3 Covolume occupé par les molécules d'un gaz réel

- d'où, une <u>première modification</u> de l'équation des gaz parfaits liée au covolume :

$$P = \frac{NkT}{V-Nb} \tag{VII.2}$$

Or, l'existence d'interactions mutuelles (attraction) a pour effet de diminuer la pression au voisinage des parois d'un facteur proportionnel au carré de la densité des molécules, à savoir : un facteur : $an^2 = a(\frac{N}{V})^2$

- d'où, une <u>deuxième modification</u> de la loi des gaz parfaits due à l'attraction des molécules :

$$P = \frac{NkT}{(V-Nb)-a\frac{N^2}{V^2}} \tag{VII.3}$$

et en posant pour une mole, $B = Nb$ $\quad et \quad$ $A = aN^2$, on obtient l'équation Van der Waals du gaz réel :

$$P = \frac{RT}{(V-B)-\frac{A}{V^2}} \tag{VII.4}$$

$$\left(P + \frac{A}{V^2}\right)(V - B) = NkT \tag{VII.5}$$

Les isothermes de ce gaz Van der Waals sont représentées sur la figure 1, on y remarque :

- l'apparition d'une isotherme critique $T = T_c$ à tangente horizontale
- l'existence d'isothermes complexes pour $T < T_C$
- l'absence d'un palier de liquéfaction

Le modèle de Van der Waals introduit bien la notion d'isotherme critique, mais ne reproduit pas l'allure exacte des isothermes des gaz réels. En fait, il n'existe à l'heure actuelle aucune équation qui soit en accord avec l'expérience.

III.2 Equation caractéristique usuelle des gaz réels

Nous cherchons à modifier le comportement des gaz parfaits en tenant compte des faits expérimentaux suivants :

1. **La pression** d'un gaz réel est **inférieure** à la pression du gaz parfait correspondant (la diffusion des molécules diminue l'énergie cinétique des molécules) ;

$$P = P_{GP} - \delta P$$

2. Le **volume** occupé par un gaz réel est **supérieur** au volume que ce gaz occuperait s'il était parfait (il faut ajouter au volume libre le volume occupé par les autres molécules) ;

$$V = V_{GP} + \delta V$$

En remplaçant les valeurs de $P = P_{GP} - \delta P$ et $V = V_{GP} + \delta V$ dans l'équation des gaz parfaits

$$(P_{GP} - \delta P)(V = V_{GP} + \delta V) = RT$$

$$\left(P + \frac{a}{V^2}\right)(V - b) = RT \tag{VII.6}$$

$$\left(P + \frac{n^2 a}{V^2}\right)(V - nb) = nRT \tag{VII.7}$$

III.3 Coefficients thermo élastiques des gaz réels

Pour un gaz réel, on utilise la formule de Van der Waals, par exemple :

$$\left(P + \frac{A}{V^2}\right)(V - B) = RT$$

Coefficient de dilatation isobare :

$$\alpha = \frac{1}{V}\left(\frac{\partial V}{\partial T}\right)_P$$

$$\alpha = \frac{1}{T}\left[1 - \frac{B}{V} + \frac{2A}{PV^2}\right] \qquad\qquad (\text{VII.}\,8)$$

Coefficient de dilatation isotherme :

$$\beta = \frac{1}{V} = \frac{1}{P}\left(\frac{\partial P}{\partial T}\right)_V$$

$$\beta = \frac{1}{T}\left[1 + \frac{A}{RTV}\right] \qquad\qquad (\text{VII.}\,9)$$

IV. EXERXICES

Exercice VII.1 :

Une mole de dioxyde de carbone obéit à l'équation de Van der Waals :

$$\left(P + \frac{a}{V^2}\right)(V - b) = RT$$

1°) Exprimer en fonction des variables indépendantes V et T, les coefficients de dilatation isobare $\alpha = \frac{1}{V}\left[\frac{\partial V}{\partial T}\right]_P$ et de variation de pression isochore $\beta = \frac{1}{P}\left[\frac{\partial P}{\partial T}\right]_V$

2°) En admettant la relation mathématique $\left[\frac{\partial V}{\partial T}\right]_P = -\left[\frac{\partial V}{\partial P}\right]_T - \left[\frac{\partial P}{\partial T}\right]_V$, en déduire le coefficient de compressibilité isotherme $\chi = -\frac{1}{V}\left[\frac{\partial V}{\partial P}\right]_T$, en fonction des variables indépendantes V et T .

Réponses :

1°) $\alpha = \dfrac{RV^2(V-b)}{RTV^3 - 2a(V-b)^2}\; ; \beta = \dfrac{RV^2}{RTV^2 - a(V-b)}$

2°) $\chi = \dfrac{V^2(V-b)^2}{RTV^3 - 2a(V-b)^2}$

Exercice VII.2 :

Trouver l'équation d'état d'un système pour lequel : $\alpha = 3aT^3V^{-1}$ et $\chi = bV^{-1}$, les coefficients α et χ étant ceux définis à l'exercice 1, a et b étant des constantes.

Réponse :

$V = \frac{3a}{4} T^4 - bP + C$ (défini à une constante près)

Exercice VII.3 :

La longueur l d'un fil dépend des deux variables indépendantes : température T et force de traction. On donne ses coefficients thermo élastiques supposés constants : coefficient d'élongation à force de traction constante $\lambda = \frac{1}{l}\left[\frac{\partial l}{\partial T}\right]_f$, coefficient d'élasticité : $k = \frac{1}{l}\left[\frac{\partial l}{\partial f}\right]_T$. Etablir l'équation d'état de ce fil élastique en choisissant judicieusement un état de référence.

Réponse :

Si $l = l_0$ pour $T = T_0$ et $= 0$, $l = l_0\, exp\,[\,l\,(\,T - T_0\,)\,]\,exp\,(\,k\,f\,)$.

Exercice VII.4 :

La température de Mariotte T_M est telle qu'en diagramme d'Amagat, l'isotherme d'un gaz réel soit assimilable à l'isotherme d'un gaz parfait lorsque la pression tend vers zéro.

1. Montrer que cela revient à écrire que le coefficient du terme en P dans le développement limité de PV au voisinage de $P = 0$ est nul pour l'isotherme à T_M.

2. En déduire la température de Mariotte d'un gaz réel obéissant à l'équation de Berthelot-Clausius: $\left(P + \frac{a}{T V^2}\right)(V - b) = RT$ pour une mole.

Réponse :

1°) $(PV) = nRT_M + \frac{P^2}{2}\left\{\frac{d^2(PV)}{dP^2}\right\}_{P=0} + (0)P^3$

2°) $T_M = \sqrt{\frac{a}{R}}$

REFERENCES BIBLIOGRAPHIQUES

[1] B.AROUTIOUNOV, E. BORZENKO, V. IZVEKOV, N. KOUZNETSOV, V. PENKOV, S. SOLOMATINE Recueil de problèmes de thermodynamique, Institut National des Hydrocarbures de Boumerdès, Chaire de thermique, 1976

[2] V. KIRILLIN, V. SYTCHEV, A. SHEINDLEIN, Thermodynamique technique, Editions MIR, 1976

[3] YUNUS A. ÇENGEL, MICHAEL A. BOLES, Thermodynamique : une approche pragmatique, Chenelière McGraw-Hill, 2008

[4] S. PONCET, Cours de thermodynamique, IUT de Marseille, Département Génie Thermique et Energie, Année 2013-2014

[5] Olivier PERROT Cours de thermodynamique I.U.T. de Saint-Omer Dunkerque, Département Génie Thermique et énergie, Année 2009-2010

[6] Claire LHUILLIER et Jean ROUS, introduction a la thermodynamique, Cours et problèmes résolus, Dunod 1998

[7] http://univ.ency-education.com

[8] http://www.n-vandewiele.com